名师名校名校长

凝聚名师共识
回应名师关怀
打造名师品牌
培育名师群体

初心如磐话成长

来自一线教师的教育叙事

王惠英 主编

东北师范大学出版社

长 春

图书在版编目（CIP）数据

初心如磐话成长：来自一线教师的教育叙事/王惠英主编. — 长春：东北师范大学出版社，2023.3
ISBN 978-7-5771-0150-7

Ⅰ.①初… Ⅱ.①王… Ⅲ.①教育工作 Ⅳ.①G4

中国国家版本馆CIP数据核字（2023）第050479号

□责任编辑：石纯生　　　　　□封面设计：言之凿
□责任校对：刘彦妮　张小娅　□责任印制：许　冰

东北师范大学出版社出版发行
长春净月经济开发区金宝街118号（邮政编码：130117）
电话：0431-84568023
网址：http://www.nenup.com
北京言之凿文化发展有限公司设计部制版
北京政采印刷服务有限公司印装
北京市中关村科技园区通州园金桥科技产业基地环科中路17号（邮编：101102）
2023年3月第1版　2023年6月第1次印刷
幅面尺寸：170mm×240mm　印张：13　字数：201千

定价：58.00元

编委会

主　编：王惠英

编　委：（排名不分先后）

王玉婷　刘湘菊　赵买琴　张梦婷　李　凤

赵丽赟　武俊余　李红燕　陈　薇　王正泉

杜华丽　冯建东　钱绍超　郭幼昌　吴石莲

代　然　姚惠芝　武晨曦　杨雅芝　王兴萍

文　媛　王盛霖

序 言
PREFACE

这是一本来自一线教师的教育叙事。作者有初入教坛的新秀，也有年逾五旬的"老班"。他们在或长或短的教育生涯中把那些影响学生和教师成长的大事小情，经过不断梳理和反思，以叙事、讲故事的方式娓娓道来。书中记录的看似是一桩桩小事或一点点感悟，反映的却是他们在教学中经历的困惑、挫败和坚守中的不易，当然也有成长的喜悦和收获的教育智慧。

本书最大的特点在于有很强的代入感。有的内容读着读着会让你感叹：这不就是自己经历的真实写照吗？有的分享会引发你的质疑和思考：这样的教育真的有效吗？有的举措又会让你开悟和期待，也想尽快去教学中进行尝试。有的内容读完了，你会恍然大悟：原来这就是教育的意义所在！总之，为人师者在教学中可能会碰到的欣喜和困惑，你几乎都能从本书中找到。

本书分为上下两篇。上篇"教有所思"从司空见惯的案例中凸显专业技能和班级管理，有师生关系不断被推翻、重建的经历，有教师被学生"投诉"后的沮丧，有情理之中预料之外的教师节"礼物"，还有暗香盈袖恰好时以及失之东隅收之桑榆的诗画教育；有后进生转变的独特方法，有新手"后妈"的尴尬与幸福，当然也有给新手班主任的建议。下篇"学不设限"从习以为常的教育现象中分享职业认知和学科理解，有对教师威信的新认知，有百度导航带来的思考，有课堂关注点和一堂课引发的深度学习，还有对构建家校关系的建议。本书通过对有意义的教学事件、教师生活和课堂教学的描述分析，体悟内隐于日常教学行为的意义，质疑似曾相识的教育行为，在反思与追问中促成经验的重构，促进教育理论和教育实践之间的互动。

本书每篇教育叙事后面都有一位同伴的点评。同伴既是站在他人的角度来审视和评价案例的旁观者，可以发表不同见解，可以从中汲取经验和智慧，又是教育过程的当事人，因为他们要思考类似的事件发生时作为教师的自己应该如何应对。有着不同阅历的同伴对同一案例所做的点评，风格不同，角度各异，但最终都指向促进教师的专业成长。有时连叙事的教师都没想到，自己提出的问题会引发同伴如此精彩的点评，让读者在叙事中读出智慧，在分享中收获惊喜。

　　本书虽然解决不了教师从教过程中碰到的所有困惑，但可以让教师在工作陷入混沌时看见光亮。无论哪位教师，在教学生涯中都曾经或正在经历怀疑自己的至暗时刻，可是当你细细品读及体会本书记录的看似习以为常的一桩桩小事及其蕴含的教育哲理时，你会感觉到无比治愈。我清楚地记得，当我在讲台上看着那个好不容易被唤醒却在我转过身后又睡着的学生，面对那道我无法理解怎么还会有学生出错的题时，能让我心平气和而不是气急败坏的原因，竟然是同伴点评中的那句话："不应该只盯着一个学生在打瞌睡，还应该看到大多数学生在认真学习；不应该只看到那错了的3道题，还应该看到正确的17道题。"在面对教育学生屡屡受挫的无奈时，能支撑我越挫越勇并不断改进的是《百度导航给教师带来的启示》一文中提到的"在教学中面对不同的学生个体要善于'已为你重新规划路线'的因材施教"。当我在工作和生活中遇到挫折、受到打击而心情沮丧时，我想到了小徐说的"我慢慢学会了冷静、乐观和包容，这是从您那儿学来的"！这些建议和观点不是来自名师大家，但一定是对某段教育经历的反思和感悟。当然，本书中有的措施可能不具备普适性，但它却能引发读者思考和质疑；本书中有的观点或许稍显稚嫩，但它一定是笔者彼时思考的真实写照，也许以后也会被自己推翻，但是教师的成长就是这样一个"建立—推翻—重构"的过程。

王惠英
2022年8月

目 录
CONTENTS

上 篇 教有所思

老师，您欠我感情（王惠英） ········· 2

失之东隅，收之桑榆（王惠英） ········· 5

时光不语，静待花开（王玉婷） ········· 8

暗香盈袖，恰好时（杨雅芝） ········· 11

我被学生"投诉"之后（王惠英） ········· 13

同在屋檐下，咫尺却天涯（王玉婷） ········· 18

柳絮因风起，葵花向日倾（钱绍超） ········· 21

不知天在水，清梦压星河（王正泉） ········· 24

侧门外的台阶，教室里的"睡神"（王玉婷） ········· 28

愿你万里归来，仍是少年（赵丽赟） ········· 31

半份快餐的力量（赵买琴） ········· 35

理解和关爱，这真的不难（王玉婷） ········· 38

这，是我眼中的那个他吗？（代然） ········· 41

一封教师节的来信（刘湘菊） ········· 43

老师，我开始背单词了（冯建东） ········· 45

孩子，别轻言放弃（刘湘菊） ········· 48

我眼中的学困生（武俊余） ········· 51

我这样和学生沟通（刘湘菊） ········· 54

换个角度看学生（王盛霖） ········· 57

不言之教，无声胜有声（赵买琴） ………………………………… 61

中途接班，我这样处理学生的不配合（王惠英） …………………… 64

班级管理中那些值得坚持的小举措（王惠英） ……………………… 69

新手"后妈"管班记（王兴萍） …………………………………… 73

新班主任的五味旅程（姚惠芝） …………………………………… 76

给新班主任的建议（王惠英） ……………………………………… 81

班主任，你"慧忙"吗？（王惠英） ……………………………… 85

助力学生过一种有计划、会反思的学习生活（王惠英） …………… 90

下 篇　学不设限

我对"教师威信"的认识（王惠英） ……………………………… 98

我看师生间的称呼（王惠英） ……………………………………… 101

百度导航给教师带来的启示（王惠英） …………………………… 104

两棵核桃树（王惠英） ……………………………………………… 108

细数那些带着温度的瞬间（王惠英） ……………………………… 111

这一次，我是考生（杜华丽） ……………………………………… 115

相册里的故事（王惠英） …………………………………………… 118

己所不欲，勿施于人（代然） ……………………………………… 121

听课引发的思考（王惠英） ………………………………………… 124

让我记住你的名字（陈薇） ………………………………………… 127

教师的修行（张梦婷） ……………………………………………… 130

做教师，我们需要学点水的智慧（王惠英） ……………………… 134

在倾听、引导中开展有温度的教育（王惠英） …………………… 139

这就是教育的意义（王惠英） ……………………………………… 145

和学生分享秘密后的思考（王惠英） ……………………………… 148

享受职业带来的幸福（王惠英） …………………………………… 153

一位教师能起多大作用？（王惠英） ……………………………… 157

青年教师的课堂关注点是什么？（李凤） …………………………… 162

授人以渔，还要授人以"欲"（李红燕） ………………………… 165

慢一点也没关系，只要我们步履不停（张梦婷） ………………… 168

如果我是校长（王惠英） ………………………………………… 171

母女间的距离（王惠英） ………………………………………… 175

教师对家长：偶尔治愈、时常帮助、始终宽容（王惠英） ……… 178

学习为什么不能像电子游戏一样吸引学生？（赵丽赟） ………… 181

无安全，不化学（王惠英） ……………………………………… 185

我的三节课（武晨曦） …………………………………………… 188

动手能力的培养不能只停留在纸上（文媛） …………………… 191

后 记 ……………………………………………………………… 195

上篇 教有所思

"学而不思则罔，思而不学则殆。"

教学也需要边教边思。教师要通过真实的教育案例，反思自己在教育实践中的一言一行，在思考中激活教育智慧，提升专业素养。教师要从学生的错误言行中寻方法，从自身的挫败中寻发展，从家长的反馈中寻合作，从教材的局限中寻创新。教师要通过反思自己的日常教学行为，从细节中审视、修正原始经验，并将其提炼和升华，从而使其转变为目标明确并有先进理念支撑的实践行为。正如柳袁照校长所说：从日常生活中感悟教育，是一个教师必须具备的品性。

老师，您欠我感情

王惠英

"老师，您欠我感情"，当看到学生的这篇班级日记时，我的第一反应是：我欠你感情？谁写的？不是针对我吧？带着一连串的疑问，我开始匆匆浏览文字，一行、两行、三行，是的，这是学生专门写给我的。随着阅读的深入，我的心情也从开始的好奇和激动慢慢变得忐忑和内疚……

这是2008届的一名学生通过班级日记和我交流时的片段。她是ZHJ，在日记中描述了入学以来我对她近乎忽略的态度。十多年过去了，我的感受还是那么清晰，对日记的内容也记忆犹新：她说她喜欢上我的课，每次课上总是期盼着我对她的关注，可很多时候她只是作为我与其他同学互动的观众，她说她甚至怀疑如果自己缺课了老师会不会发现。她说她热爱我们的班集体，无论艺术节还是运动会，她都是最忠实的啦啦队成员，可是她感觉到自己似乎永远只是那个坐在路边鼓掌的不起眼的观众。看完日记，我仿佛看到她那双期待被关注的明亮双眸在我一次次的忽略中慢慢暗淡。于是我梳理了我们相处一年来的生活点滴：我表扬学生时有几次提到ZHJ？课堂上我邀请她参与的互动有几次？我专门和她进行过面对面的交流吗？她的优点和缺点有哪些？家长会上她的父母反馈过什么吗？……越问我越惭愧，相比她罗列出的开学第一天我给她的第一印象、我在作业中的一句评语、我在班会课上提到的励志学长，甚至我的某一个表情，我对她可以称得上是一无所知。是的，ZHJ，老师欠你感情！

那篇日记引起了我的反思：我的教学生涯中有多少像ZHJ一样的学生被我忽视？这样的学生其实不是个例，他们是每个班级都存在的"三普学生"：普通成绩、普通谈吐、普通长相。虽然没有给班级带来耀眼的荣誉，但也不会给老师惹麻烦，老师对他们是放心的，但他们也容易被老师无意中冷落。可是，作为学生，谁不希望被老师关注呢？想想当年中学时代的自己，我很享受自己的名字被老师挂在嘴边，哪怕是被老师叫去抱作业、拿粉笔。对学生而言，他们需要的关注可能是老师的一句鼓励、一个微笑、肩膀上的轻轻一拍，甚至早点吃的是什么的一句闲聊。再想想今天为人父母的我们，我们也希望自己的孩子能被老师关注，能得到老师更多的引导和影响，特别是当家庭教育在某些方面显得苍白无力时，我们的这种愿望就更强烈。而作为老师的我们，除了告诉学生要抓住时机大胆表现自己，也有必要引导学生学会享受坐在路边鼓掌的乐趣。在日常教育教学活动中，我们要努力去捕捉每名学生的特点，对！是特点，不仅仅是优点。特点是学生说话的语速，是学生走路的姿势，是学生答题的习惯，是学生握笔的姿势，是学生考试失利时沮丧的表情和取得成绩时的笑靥，因为对学生的关注是对他们最基本的尊重，对学生关注得越多，教师实施的教育就越有效！

　　ZHJ大学毕业后我们第一次见面时，我问她："还记得高二时你写的那篇班级日记的题目吗？"她不好意思地笑了。我说："我记得，是'老师，您欠我感情'。"她说没想到老师记性这么好。我想我是永远都不会忘记了。这篇日记随时提醒我：老师的眼中不应该只有为班级争光的尖子生、特长生和总是给班级带来麻烦的学困生，对班上的普通学生也应该多给予关注。从这个案例中我再次体会到：老师的爱应该像阳光洒到每一个角落，无论是娇艳的花朵、参天的大树还是默默无闻的小草，它们都应该得到阳光的照耀！

【同伴点评】

　　中学阶段是一个人的世界观、人生观、价值观形成的关键时期。这个时期的孩子也许乖巧懂事，也许叛逆调皮，但他们更加渴望理解、渴望交流、渴望更多地了解这个世界。他们比小孩子更懂得收敛，又比成年人更需要释放和倾诉。而这个时期与他们相处、交流最多的人是老师，因此，老师的一言一行都会对他们产生深远的影响。

　　同为老师，我觉得能像王老师这样遇到一个敢想敢说的孩子是非常幸运的。这个孩子明确地表达出自己对老师关注的渴望，使老师能在长期的教育思维定式中反思自己、审视自己，这不仅是在与老师交流，更是在帮助老师反思怎样更好地处理师生关系。而更多的孩子在与老师的相处中，迫于老师的压力，不敢与老师交流，甚至连跟老师讲话都会紧张。越是这样的孩子越容易被忽视，久而久之，师生会成为"最熟悉的陌生人"。

  当然，这个孩子敢说出"老师，您欠我感情"这句话，跟王老师平时与学生相处时和蔼可亲、平易近人是分不开的。作为班主任，王老师像妈妈一样爱护和守护着这些孩子，与他们同欢乐、同忧愁，学习上宽严相济，生活中嘘寒问暖。有了这样的基础，孩子们才会如此信任王老师，在需要关注的时候大胆地向老师喊话，让老师意识到"是的，老师欠你感情"！

  这也给我带来了很多思考：我在平时的教学中是如何与学生相处的？我了解他们吗？他们又了解我吗？他们会跟我这样喊话吗？以此为契机，我也应转变与学生的相处方式，以更加平等的眼光看待他们，陪他们走过这人生中最美好的一段时光。

——工作室成员：陈薇

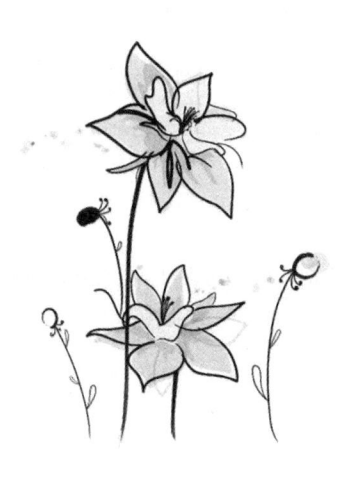

失之东隅，收之桑榆

王惠英

"哐当"一声，自习课上正在讲桌前讨论作业的我和学生被吓了一跳。我们不约而同地转头一看，只见XL同学放在桌子上的小盆栽碎在地上。那是一个陶瓷小蛋壳，里面长了一小撮绿油油的麦苗。开始我以为那麦苗是假草，后来发现它一天天长大，我对这个小盆栽也慢慢有了感情。此时，小蛋壳已碎在地上，那一小撮麦苗可怜巴巴地躺在旁边。"肇事者"WYR在一旁手足无措地说道："对不起，对不起！周日我买一个还你。"有同学在一旁说道："那是XL的'儿子'啊！"此时，盆栽的主人XL已拿来扫把和簸箕忧伤地扫着地上的"残骸"，他轻轻地拿起那一小撮麦苗放在桌子上小蛋壳的底座里，再小心捡起掉落的土，嘴里说道："不用了，不用了，真的不用。"原来，是隔壁班进来问作业的WYR那宽大的冬服把小蛋壳从桌子上碰在地上了。他们处理好残局后，我们继续讲解作业。

当我准备离开教室时，我又忍不住回头看了一眼那一小撮失去巢穴的麦苗，心里好惋惜，同时对WYR的不小心产生了一丝责怪。

第二天下午，我一走进教室，XL课桌上的一个袖珍小桶就引起了我的注意——昨天那一小撮可怜的小麦苗幸福地立在里面，又恢复了生机。看到我在关注，XL高兴地说："这是WYR送给我的，还附了一张表达歉意和新年祝福的卡片。"旁边有同学说道："比原来那个好看！"有的嚷着说要看卡片上都写了什么。

此时，上课铃响了，我转身在黑板上写道：失之东隅，收之桑榆。同学们一脸茫然，似乎在问：这节是上化学课还是班会课？我微笑着拿起那只盆栽小桶，简单地说了前一天发生的事情，然后话锋一转，问道："同学们，你曾有过自己的心爱之物被损坏的经历吗？你当时是怎样处理的？一般在幼年时是大哭大闹，这样可以获得补偿；年长一点儿就不好意思哭了，但不会忘记问责'肇事者'，因为得划分责任呀，是这样吗？其实我们生活中不少纠纷就是这样产生的。"同学们开始窃窃私语，停了一会儿，我接着说道："生活中谁都会碰到这样的情况，当心爱之物被损坏时，我们是互相埋怨让损失不断扩大产生'次生灾害'呢，还是像昨天的XL一样，多一点儿谅解和包容，结果像今天的他一样收获了意外和惊喜？"此为失之东隅，收之桑榆。整个事件的描述以及设问和停顿没超过3分钟。

现在很多学校的学生早上七点多进校，晚上七点甚至更晚才离开学校，在校十多个小时。在校的这段时间，学生除了要汲取文化知识，还应该树立正确的人生观、价值观。我们的教育要捕捉时机，抓好应景教育，如果错过了再说，就会有讲别人的故事的感觉；还要突出价值引领，就像这个案例中的XL一样，用大度包容别人的过失，让损失降到最小，那么我们收获的就不仅是一份更漂亮的礼物，还有他人的赞赏！而本案例中WYR在"闯祸"后积极弥补的态度和"多给一点儿"的做法也值得推崇。是的，就如吴非老师说的：老师是和学生相处最久的社会人，要做好学生的精神导师。

老师处理突发事件的态度和观念在潜移默化地影响着学生。我希望我的学生走出校门以后，在生活中遇到自己的心爱之物被意外损坏时，也能想到失之东隅，收之桑榆，用一种包容与平和的心态来应对，把损失降到最小，让我们生活的环境少一些纠纷，多一些和谐与感动。

【同伴点评】

看了王老师文章的标题，我专门去百度进行了查阅：

释义——东隅：东方日出处，指早晨；桑榆：日影落在桑树与榆树之间，借指傍晚。"失之东隅，收之桑榆"比喻开始在这一方面失败了，最后在另一方面得到了补偿。

出处——《后汉书·冯异传》："始虽垂翅回溪，终能奋翼黾池，可谓失之东隅，收之桑榆。"

解释——（冯异）开始虽在回溪遭受挫折，最后却在黾池一带获胜。这就是所谓在日出的东方吃了败仗，在日落的西边却取得了胜利。

在此次事件中，物品损坏，物主没有责怪，"肇事者"也没有推卸责任，并且很快购买了替代品偿还物主。显然，XL对于WYR的处理方式很满意，同学情也由此变得更加浓厚。王老师洞悉了整个事件的来龙去脉，善于发现身边的小美好，将当事人的情绪尽收眼底，并适时给予引导，这样的应景教育虽然只有短短3分钟，却让学生受益匪浅。有这样的同学是幸运的，有这样的老师更是幸福满满。

失之东隅，收之桑榆。人生中，得与失也许就发生在一念之间。面对失去，能以坦然的心态去面对，是需要有人引导和示范的；面对他人的过失，能以"摔碎了说明不属于我"这样的心胸去面对，同样值得推崇和学习。作为教师，我们不仅需要这样的心态和心胸，更要学会捕捉教育时机，抓好应景教育，培养学生在面对突发事件时的应急处理能力，让其学会包容别人的过失，将损失降到最小，让生活中少一些纠纷，多一些和谐与感动。

——工作室成员：武俊余

时光不语，静待花开

王玉婷

古人云：绳锯木断，水滴石穿。意思是用绳当锯子，也能把木头锯断；水只要一直不断地滴，也可以滴穿石头。比喻日复一日重复一件事，坚持不懈，即使细微的力量也能取得成功。我从未怀疑过这句话的真实性，因为无论是大自然的鬼斧神工，还是自己的成长经历，确实都能够印证坚持的力量。直到一次"教学事故"的发生，我才发觉自己曲解了这句话真正的含义。事情发生在2021年9月新生入学第一周，要从ZJ在短短一周内的变化说起。

第一天，引起关注。

开学第一天，我下发了一份初中最基本的化学式过关小清单，想要筛查出知识点的"漏网之鱼"以便及时补救。不出意外，有几个学生很快就引起了我的关注：他们连最基本的元素符号和名称都无法一一对应，更别说写出原子团、价态，最终写出正确的方程式了。而ZJ则是其中情况最严重的一个。简单地跟他交流了几句之后，我们约定从第二天开始，在正式开始新课前帮他恶补一下初中的基础知识。

第二天，亡羊补牢。

一大早我就来到了学校，每个课间都精准定位到ZJ的座位处并进行任务布置和检查，从最基本的元素背诵和价态背诵开始，背完之后就是默写……反反复复直到下了晚自习。

第三天，卓有成效。

到了第三天中午，ZJ不仅能够流利背诵重要的元素符号、价态、原子团，而且能够迅速写出常见物质的化学式，过关率达到80%。看来师生的努力没有白费，我心里十分欣慰，掩藏不住地想要表扬他，但一想到ZJ可能还有更大的进步空间就暂时忍住了。

第三天晚上，我批改了最后一遍过关清单，92%的正确率，较第一天来讲进步已经非常大了。我终于下定决心，周四早上要当着大家的面表扬ZJ，鼓励他继续坚持，也希望他能带动更多的同学。

第四天，查无此人。

第四天早上，让我没想到的是ZJ根本没来上学。我询问他的班主任之后才知道他请假了。原话是这样的："我实在坚持不住了，让我回家休息一下吧。"听到这句话，我突然有些心疼，还有些自责，我意识到我太急于求成了，迫切地想要在短短两三天就把他过去几个月的"坑"填上，这几乎不可能。

教育教学应遵循基本的发展规律，作为教师，我们应该明白的是：种子萌发所必需的条件除了阳光、空气、水、温度，还有时间！教师对学生进行知识"输入"后，学生往往要经过一段时间的酝酿和转化才能够成功"输出"。"绳锯木断，水滴石穿""冰冻三尺，非一日之寒"，做任何事情都有一个循序渐进的过程，更何况是学生输出教学成果。想要行得远，我们得先学会稳步迈出第一步，并让自己的每一步都留下深深的足迹，只有做足了工作，稳中求胜，才能取得成就。默然前行终会让我们收获果实，无畏向上终将让我们领略无限风光。因此，在往后的日子里，我们不应急于求成，也无须过于担忧、过于急躁，只需默默耕耘、静待花开。

【同伴点评】

只有一年教学经历的王老师对学生个体的关爱以及对"开小灶"事件的反思，让我忍不住为她点赞！首先，她对学困生发自内心的帮助和满怀信心的期待，是付诸行动的真爱。其次，她的及时反省，是由学生的"过敏反应"引发的对自己所采取的措施的审视。她没有表现出对学生的失望，没有简单粗暴地批评学生不求上进，没有恨铁不成钢，而是从教育规律和学生个体的角度进行理性的分析，从而发现自己在教学策略方面出现的问题，再以心平气和的态度接受学生的不完美。最后，我感动于王老师在学生请假后表现出来的心疼，这是爱学生的真情流露！

  作为教师，我们不缺乏对学生不计回报的帮助，可我们会在付出却得不到期待的结果时为逞口舌之快说些伤害学生的话，再冠以"为你好"的名义"绑架"学生；我们会在学生没达到目标时把自己的焦虑转嫁给学生。是的，静待花开，既不是被动躺平的不作为，也不是拔苗助长般的急功近利，而应该是在遵循教育规律的基础上默默耕耘后的耐心守望。

——工作室主持人：王惠英

暗香盈袖，恰好时

杨雅芝

我从小就有一个教师梦，站在三尺讲台上，执一笔，诉一情，终一生。长大后，我终于成为自己想要成为的人，但这时我才发现，前路漫漫，充满了荆棘和未知。面对调皮的学生，作为班主任的我总会束手束脚，无可奈何。但我相信所有的无可奈何在某一刻终会化为幸福，只是看你是否能够把握好时机。

新生刚入学，本该是满眼的江南葱茏，满园的春色，一派生机，充满希望。但不曾想，才一晚过去，一个"惊雷"便劈到我的头上。一早，宿管阿姨打来电话说，我们班学生小田一整晚不睡，在走廊里游荡。我马上找到他，和他进行交谈。在他答应遵守纪律后，我才让他回到军训队伍中。可不到半小时，教官又打来电话，说小田请假上卫生间，一直没回来。我又开始了我的漫漫寻人路。和小田的家长联系时，我感觉他们似乎对小田的"失踪"习以为常，但我急着找人，来不及细想。我终于在社区里的休息椅上找到了他，他躺在休息椅上睡得正酣。后来和小田的家长深入交谈，我才知道小田在初中时便患上了躁郁症，晚上睡不安稳，行为也有点偏激，还在服药治疗。家长因为担心老师对小田有成见，所以他们没有和我报备。在查看了小田的医嘱以及和他的主治医师进行交流后，校领导决定让小田继续他的高中生活，但他也成了我的重点关注对象。

此后每一天，我都在祈祷小田不要再闯祸，但现实总是不尽如人意。小田在一个月间，大祸偶尔，小祸不断，带手机、迟到、不交作业、旷课、打架……一个小田，几乎要了我半条命。

当他又一次带手机时，我在学校乒乓球桌旁见到了他，我发现他并非在打游戏，而是在编曲。通过交流，我发现他对编曲有极大的兴趣，而且在编曲时他能静下心来，不再烦躁。于是，我给他开了个"后门"，同意他把手机带到学校，但一定要交由我保管，并且每天给他半小时，允许他自己编曲，调节心情。每个周末小田都会跟我分享他的成果，看着他越来越明媚的笑脸，我由衷地感到高兴。后来文理分班时，他因为这一特长和兴趣最终选择成为一名艺术生。

在小田的这件事上我学到了很多。每个孩子都是一个独立而特殊的个体，我们作为老师，只有用爱真诚地与他们相处，他们才会真心地和我们交流，我们才能真正了解他们，才能真正走进他们的内心世界，帮助他们。要帮助我们的学生，我们除了要爱他们，还要能抓住他们的特点，抓住时机，在恰当的时机因材施教。

暗香盈袖，恰好时。在恰当的时候，不多一分，也不少一分，用恰当的方法，我们定会收获暗香盈袖。

【同伴点评】

看杨老师的文章，我首先被这个标题吸引了。随着阅读的深入，那如涓涓细流的唯美表达，让我读完以后仍有种唇齿留香的感觉。美育是我国教育方针的重要组成部分，美育的内容中就包含了文学美。我们一度有一种错误的认识：文学美是语文课的专属，培养学生的文学素养也是语文老师的任务。可是，在面对同样的教育对象，表达同样的诉求时，也许文学素养的功底可以将结果区分出子丑寅卯。

"没有美育的教育是不完整的。"在学科教学和日常生活中，我们强调培养学生的输出能力，这种能力强调的不只是表达正确、清晰，还应该给读者和听者以美的感受。对教师来说，语言或文字的输出技能同样需要不断精进。良好的表达、得体的描述不仅有利于陶冶情操、丰富自我，还可以让课堂更精彩，让师生之间的沟通更顺畅，让我们的教育充满魅力，让有效的教育适时发生。

——工作室主持人：王惠英

我被学生"投诉"之后

王惠英

下午年级组长代老师在办公室电脑旁边审查课题,这时进来两名学生,他们走到他身边说道:"代老师,我们有事想跟您说。"

代老师说:"有什么事说吧。"

两名学生犹豫了一下,说道:"我们想转班。"

代老师问:"为什么呢?"

其中一名学生说:"我听不懂化学课。"

尽管学生的声音不大,但还是被我听见了。我转向他们故作轻松地问道:"学化学吃力啦?"

两名学生迟疑了一下,说道:"是的。"

我让他们跟年级组长交流完以后过来和我聊一下。不一会儿,到晚饭时间了,我告诉他们先去吃饭,找时间再聊。

"我听不懂化学课。"这句学生轻声说出的话,在我听来就等同于对教师的否定,似一道惊雷击碎了我的骄傲。我在高三中途接班刚四周,如今学生要转班的原因是听不懂我的化学课。一个晚上我都在为此事耿耿于怀,在想如何正确面对这件事。我想起了工作第二年在高一五班上课的那个下午,当我拍醒课堂上睡觉的GDY时,他红着眼睛说了句:"我上你的课就想睡觉。"相比那时候的沮丧,现在的我更加理智和冷静。

这两名学生是通过高二期末考试被择优选拔转入重点班的。高三开学第一次月考,其中一人的化学成绩是班级最低分,我联系学困生的对象中也有他。

考试刚结束，我还没来得及找他们面谈，他们就先到年级组长那儿"投诉"了。反省我自己的教学行为，开学近一个月我对他们的关注确实不到位，至今我也说不出他俩化学学科的问题具体出在哪儿，更谈不上对他们进行个别辅导。想到这儿，我多了对自己的责备，少了对学生的责怪。

对他俩来说，从待了两年的班级来到陌生环境，加上进新班后不但没有优势，成绩还在班级垫底，承受的心理压力可想而知，萌生回原班的念头也在情理之中。当然，如果他们真回原班了，我也就少操心了。可是，如果学生把遇到困难就找退路当作习惯，那对他们以后的发展该有多坏的影响？这是一次难得的挫折教育机会。还有，如果因为学我的化学学科吃力而离开这个班，我多少有点不甘心。

针对高三新来到重点班的部分学生在一次考试之后想转回原班这一现象，我抓住评析月考卷的机会发表了3分钟的微演说：

首先，学校通过考试择优把你们调整到重点班的初衷就是想让你们在竞争更激烈、师资更优化的环境中更上一层楼，无论从学校还是家庭教师还是学生的角度来看，我们的目标都是一致的，都是希望你们在更高的平台遇见更好的自己。（说完第一点我发现同学们似乎没有什么反应，有的同学在小声议论着什么，也许类似的发言他们听多了。）

其次，离开自己熟悉了两年的环境，重新适应老师、同学，再加上进入高三学业要求提高，这些都是导致"水土不服"的因素，对比自己在普通班的优势，来到重点班的存在感会被削弱，这些都是萌生转回原班级念头的诱因，退一步可能会舒适，但真的有利于你们的最优化发展吗？你们如果没有在困境中背水一战的经历，没有勇气去逆袭，就不知道自己到底有多强的抗挫能力，这也是学校不轻易同意你们转回原班的原因。（这似乎戳到了一部分同学的痛点，教室变得特别安静。）

最后，换个环境学习或工作的经历，在你的人生中一定会有很多次，但是请记住，你的离开一定要多找自己的原因，如果去意已定，请把善意留下。就像我们的小徐，如果那天你跟代老师的交流用"我学化学很吃力"代替"我听不懂化学课"，这样的表达方式可以达到同样的目的，我听到以后同样会反思我的教学，同样会关注你的学习，但是我会很感激你的暗示。（这时我看到小徐用手挠了挠头，露出了不好意思的表情。）

说实在的，我不知道这次微演说后还会不会有学生提出转回普通班的要求，但是让学生不安于舒适区，积极适应新环境，勇于面对挫折，应该是这个阶段最应景的教育。而带着善意表达自己的诉求，是他们离开学校步入社会应该具备的素质。

面对两个"听不懂化学课"的学生，我对比了之前遇到类似情况的处理方法，最终我还是本着最简单的一条原则来处理，那就是共赢。我先处理好他们情绪方面的问题，让我们相处舒服了再去解决学科上的问题。接下来，我先是加强了对他们在课堂上的关注，包括提问、上讲台板演以及检查作业完成质量；然后找合适的机会把"见字如面"（我和学生的书面交流本子）分别传给他们，通过文字来交流可以让他们更放松、更坦诚地说出心里话。在交流中小刘说："老师，其实那天说听不懂化学课的不是小徐，是我。我的化学从初三开始就没学好，中考之前还请了家教，恶补几个月才勉强能跟上，高一时又'掉链子'了，一直拖着走，说句心里话，这不应该让你来背这个锅。那天代老师问我们转班的原因时，我也没多做考虑就说了。"除此之外，小刘还透露了不少自己过去的糗事，在交流中我感受到了他的真诚。而小徐在交流本中也同样讲述了自己学习化学的艰难历程，最后他还表了决心，要让化学"转危为安"。我明白他将面临的挑战，但我发自内心地愿意和他一起面对。看了两名同学的真心话，我非常欣慰。我除了给他们的学习提出了具体的建议外，也表明了我的态度，并尝试对他俩的作业进行单独面批。我不能保证两名同学之后的化学成绩会达到很高的水平，但我们之间融洽和相互信任的状态真的让我非常满意。

学生的一句"我听不懂化学课"还引发了我的一系列思考：

首先，制订新班组建的方案前一定要先征求家长和学生的意见，学生如果不理解学校的良苦用心，就不会珍惜学校提供的优质资源，甚至会产生抵触情绪。

其次，班主任一定要多关注新加入的学生，不让他们感觉自己寄人篱下或者只是过客。

再次，新接班的教师要多与学生交流学科适应情况，把与学生的交流常态化、及时化，交流越早，交流频率越高，教师掌握的情况就越客观全面，在教学上就越主动。

最后，进入高三班主任要加强对学生的心理疏导，同时要把受挫教育渗透在教育教学的每个环节中。

兼听则明，开悟在己。面对学生的"投诉"，教师应该本着自省和宽容的态度，做到有则改之，无则加勉，让自己的教学得到越来越多的学生的认可，让师生关系走向和谐融洽。

【同伴点评】

读了王老师的文章，我感触颇深。教师在从教过程中，难免会被学生投诉。有的投诉是因为教师在教学或师德上真出了问题，而有的投诉就如文中写的一样，是学生为了逞一时口舌之快、为了达到自己的某一目的或者想要减轻自己承担的责任而造成的口不择言。如何面对学生的"投诉"？王老师用自己的经历呈现给我们正确的处理方式：首先，采取平和宽容的态度，进行自省和理性分析，明确自己的职责，同时换位思考学生的学习体验；其次，倾听学生的心声，了解学生的诉求；最后，通过具体的帮扶言行积极修复师生关系，营造和谐融洽的教学氛围。

在具体的问题处理过程中，王老师先换位到学生的角色，分析学生想转班的根本原因是来到重点班上升到一个新的平台，与之前的班级相比学习上没有了优势，教师给予的关注度下降，所以选择逃避。找到事件的原因后王老师进行了微演说。首先，她鼓励学生说到了重点班就是进入了一个新的平台，可以使自己在激烈的竞争中遇见更好的自己。其次，她从心理层面分析学生转班的原因是"水土不服"，优势不明显、受关注度不高、受挫能力不强、缺乏背水一战的勇气和决心。再次，她顺势引导学生学会用善意的方式表达自己的诉求，告诉他们这是进入社会应该具备的素质。最后，她通过和两名学生的单独交流获取对方的信任，制定帮扶措施。在整个事件的处理过程中，王老师先安抚好学生的情绪，再着手处理学生学科上的问题，最后加强和学生的交流，增加对学生的关注，赢得了学生的信任，让学生坚定了学好化学的信心。

王老师这种有条不紊的处理方式，不仅有助于学生尽快适应新环境，而且因势利导地对学生进行了受挫教育，让学生多了几分韧性，少了几分随性，还为后续的新班组建提供了中肯的建议。

——工作室成员：郭幼昌

同在屋檐下，咫尺却天涯

王玉婷

短短两年的从教经历，时间不长，但我与学生的相处模式却在不断经历着推翻和重建。

一、新学期开始时的"不温不火"

相比于其他班级的活跃程度，开学第一周我对X班的感觉可以用"一潭死水"来形容。我原以为X班的学生会认真听课、埋头思考，加之他们做作业较为认真，我更坚信自己的这一判断。因此，一开始我便有意在X班多做一些知识拓展和补充。没想到半个月以后我才真正发现这个班大部分学生其实基础薄弱、缺乏对成功学习的体验，所以才表现出骨子里的不自信和沉闷。说实话，我在觉察到这一点的时候其实是有些自责和失望的，自责的是没有真正看出学生的掩饰，失望的是学生也真的在掩饰，好在开学才两周还来得及补救。但我心里始终有这样的感受——X班大部分学生不诚恳，师生间没有信任，我和他们就像有一层隔阂。无论是戳破这一层"伪装"还是继续假装不知晓似乎都不行，师生关系陷入了两难境地。当我正头痛着如何进行破冰行动的时候，学生居然比我先行动了。

二、教师节送来"猝不及防"

这一次得到的并不是祝福，而是致歉信。教师节那天早上，桌上零零散散地摆着一些贺卡、鲜花，出乎我意料的是，在这一堆卡片中有一封来自X班的信，原文意思是这样的：虽然我上课的时候尽力在微笑和鼓励，但是学生还是看出了我眼里的疲惫；学生在肯定化学课比较生动的同时也能够体会我从衔接到加固的不易，但是由于初中基础不牢固，学生学起来有些困难，也希望我能够谅解。落款是全体同学。这一段诚恳的独白，虽然只是简单的几行字，但真如"见字如面"那般热烈，我那颗漂浮不定的心忽然静了下来，感觉到前所未有的轻松。

三、二次月考后的"小心翼翼"

晚上有X班的晚自习，下午我一踏进办公室，就看到桌上的一张来自全班同学的道歉信——大致意思是一定会努力学习，下次不让我失望。可是我踏入班级的时候，教室仍然是一片混乱，不知是学生在"努力"学习并完成考试之后的自我放纵，还是放任自流，干脆对不理想的考试结果置之不理。这几天学生都处于一种比较反常的状态，异常亢奋，在上晚课的时候表现得淋漓尽致，一番批评过后又是如往常一样的寂静。讲完了考卷之后氛围一直比较凝重。其间有个同学去后面接水，不知是不是气氛凝重导致压水器工作失常，学生每压一次，水就发出魔性的"咕咕"声，但是学生并没有笑出来，反而异常平静——相对平时的低笑点而言。我猜测是迫于严肃的氛围，不然班上早就"炸了"。前三秒我低头不予理会，第四秒我脸上只是稍微洋溢出笑意，下一秒全班竟沸腾了，久违的笑容又回到了孩子们脸上。

是的，日久生情虽是不错的，奈何社会变迁的大环境也在悄然地影响着我们，要在很短的时间内迅速建立起良好的、相对稳定的师生关系，于我个人而言不是件易事。静心思考最近发生在我和学生身上的两件小事，我明白了两个道理：

一是不必时时言语，手中的纸笔能传意，"展信开颜"未尝不可。

二是不必时时将问题考虑得过于复杂，一个招手，一个微笑，如此而已。

"同在一个屋檐下"，不健康的师生关系虽避开了"剑拔弩张"，却没逃脱虚伪的"相安无事"。教学相长是个针尖对麦芒的过程，不可能建立在虚伪的课堂之上，切勿"同在屋檐下，咫尺却天涯"。

赞科夫说得好："就教育工作的效果来说，很重要的一点就是教师与学生的关系如何。"我和X班的同学们正在努力的路上。

【同伴点评】

师生关系是指教师和学生在教育教学过程中结成的相互关系，包括彼此的地位、作用和相互对待的态度等，它是一种特殊的社会关系和人际关系。良好的师生关系不仅是顺利完成教学任务的必要条件，而且是师生在教育教学活动中的价值、生命意义的具体体现。在和学生的交流中，我们经常听到学生说自己不善于处理人际关系。其实教师和学生一样，也会为处理各种社会关系和人际关系烦恼，这是一门结不了业的选择性必修课，就如文中王老师和学生之间的相处模式也在不断经历着推翻和重建。

什么才是理想的师生关系？有人说是亦师亦友，有人说是相互欣赏，也有人说是互相成全。我追求的师生关系是：教师既可以和学生分享阳光，也能为学生分担风雨，是学生无论在学习还是生活中遇到麻烦时总能想到的那个人。在校时我陪你成长，各自努力，毕业后我还能不断收到你成长和进步的消息；在校时我们在人格上是平等的、在相互交流中是民主的、在相处的氛围上是和谐的，毕业后即便多年未见，我希望我们还能一见如故。

其实无论建立哪种师生关系，教师都要学会包容个体的不同特质，接纳集体的不同风格。X班这样不温不火的班级我也遇到过，表面上的遵规守矩下隐藏着太多对自己的不自信和对他人的不信任。好在王老师接班半个月就发现了端倪并积极采取措施去解决，就如她总结的"纸笔传情""微笑的力量"。让我们一起关注师生关系的建设和修复，让师生真正成为同一屋檐下的良师诤友。

——工作室主持人：王惠英

柳絮因风起，葵花向日倾

钱绍超

一年前，二十出头的我走出大学校门，带着对未来的期待与欣喜，带着对教育的忐忑与憧憬，踏上了中学讲台。一年来面对各具特质的学生和教学实践中防不胜防的问题，我体会到了教育是一条很长很长的路。而我站在这条路的起点上，遇到的很多难题让我倍感棘手，但同时有一股强大的信念支撑着我继续前行，这股信念更多来自我的学生，他们激励着我，让我坚持在这条路上不断探索。一年的教师生涯中，与其说我在带领学生学习，不如说我们在教与学的过程中共同成长。

这得从我刚刚接手的班级上两名性格迥异的同学说起。LCZ，一名性格开朗、学习积极性很高的男生，他一直是我的重点培养对象。他的变化表现在一个假期后再次回校时，一向彬彬有礼、善解人意的他开始表现出暴躁易怒，甚至顶撞老师。刚开始我忙于教学，并且觉得这可能是偶然事件，就没有多加关注。随着类似事件的常态化，我意识到问题的严重性，便主动和班主任进行了沟通。我们从多个方面来推测他发生这种变化的可能原因。之后通过与他的父母沟通，我们得知他在假期因为身体不适而服用药物，药物的作用加上精神压力导致他变得喜怒无常。在了解情况之后，我对他进行了多次开导，说是开导，其实更像是谈心。他很愿意和我说他的想法，而我也好像是在和一个老友交谈，渐渐地，他的情况发生了好转。这件事让我第一次意识到倾听和交谈在师生关系中的重要性。尽管中学时代的我也不善于言谈，但如今身为老师的我却乐于走近学生，愿意倾听学生的心声并为他们提供建议，在这个过程中我成长了不少。

另一名同学是ZMR，同样学习认真，做事踏实。他经常帮我收作业，每次收好后，都用很低的声音怯怯地说："老师，作业齐了。"一个本该充满青春活力的男生，在老师面前却表现得胆怯甚至卑微，这让我感受到了一种责任——引导和塑造。我清楚地知道，一个人性格的形成受诸多因素的影响，ZMR这样的性格对于他以后的学习生活非常不利。于是，我主动约他一起去打饭，在饭桌上，他慢慢变得喜欢分享，喜欢交流。我知道一个人的性格不是靠一次交谈就能改变的，但我会尽自己所能去帮助他增强自信心和存在感，如课后和他一同进餐、一起打球，引导他在自习课给同学讲解习题，等等。其间我总能发现他久违的自信。诸如此类的相处都能成为教育的契机，也让我发现了不一样的学生个体。

苏霍姆林斯基在《给教师的建议》中谈道，教育首先是对一颗年轻的心的敏锐、周密、谨慎的接触。高中生这个群体，智力发展已接近成熟，抽象思维正从"经验型"向"理论型"急剧转化，情感日益深厚、稳定又带有封闭性。出于自我保护心理，他们似乎更愿意隐藏自己的想法。因此，对于教师而言，观察就显得尤为重要。高中本就是一个高负荷的学段，加上来自家庭、朋友等很多方面的影响，每一个学生可能都会存在不同程度的心理问题，而这些问题不一定会明显地表现出来，教师也很难在课堂上发觉。所以，与学生的沟通不能仅限于课堂，在课间、课后，教师也应该保持一种敏锐的观察力，关注学生，及时发现学生状态和情绪的变化并积极引导。在这个过程中，其实改变的不只是学生，也有我自己。我深切地体会到作为一名教师肩负的责任，成人比成才更重要；成长比成功更重要，学会知识是重要的但不是首要的，拥有健康的心理、强健的体魄才是最重要的。

最有价值的东西往往以最不起眼的方式呈现，我看到学生的改变，看到他们通过老师的耐心疏导变得快乐，变得开朗，我第一次获得所谓的职业幸福感，它是那么真实，那么有力量。这就是那股信念吧，来自学生的信念。同样的经历还有很多很多，它们凝聚在一起，鼓舞着我在教育的路上坚定前行。

教育是一场温暖的修行。过去我常常告诉自己，在初为人师的那天我应该是面带笑容的。所以，勿忘初心！

【同伴点评】

年轻教师凭什么赢得学生的信任和尊重，又凭什么让自己在教育这条路上越走越稳、越走越远？工作一年的钱老师用自己的经历告诉了我们答案。

刚步入讲台的教师可能缺少所谓的"名气"和丰富的教学经验，但钱老师充分发挥年轻教师亲和力强、善于观察的优势，走近学生身边，为走进学生心里打下基础。她在发现学生情绪上的问题后能及时找班主任和家长沟通，找到学生身体上、心理上的问题的原因，再通过倾听和交谈来帮助学生解决这些问题。看到学生性格上的缺陷后，钱老师通过主动邀请学生一起进餐、一起打球的方式走近学生，在和学生相处的过程中让学生找到存在感，让其逐渐增强自信。一名初入职场的年轻教师没有高深的教育理论，在应对问题学生方面没有太多经验，可是钱老师在和学生的相处过程中透露出沉甸甸的责任和爱，她用行动提醒自己，勿忘教育初心！

是的，教育是一场温暖的修行，被老师默默关注，可以和老师如老友一般交谈的学生是幸运的，在引导学生的过程中与学生同步成长的老师也是幸福的。

——工作室主持人：王惠英

不知天在水，清梦压星河

王正泉

  回想从教的5个年头，我惊觉自己已然是教育之海里一粒善水的小虾米——虽然不会被水淹死，但是也掀不起大风浪。教育工作者，就像自带针脚的线，在孩子们成长的路上说不上举足轻重肩扛大局，更像是打补丁似的穿针引线。这使得那些成长路上的坎坷变成学习上的丝丝转变，也使得一些斑点有了密密针脚，交织出了青春色彩的花。走上讲台之前，我听过有人说"教师是人类灵魂的工程师"，如今想起这句话，已不敢贸然轻谈。

  每一个逃跑的孩子，都是骑着天马划过天空的星星。张同学初来班上时，总喜欢穿着一身迷彩服，扎着腰带，穿着黑色靴子，干净精神。在高中生的群体里，他是一个军迷。我想找他谈谈，听听他对迷彩服的认识，若能在学习、生活方面给他一些建议，那就更好了。这样的军迷，不考军校实属可惜。可是，还没等我和他交谈，一名同学就跑过来跟我说："王老师，张××翻墙逃学了。"我瞬间错愕不已，那些预想的"生活自律、时间观念强"的军营标签就像错乱的魔方一样散碎在眼前。待他回来时，他还是那个张同学吗？

  每个人内心深处的执念，都是一种近乎偏执的想法，它在学生时代让人拿不起更放不下，是痛并快乐着的疯狂。张同学"归案"了，被家长送回来的，我没有进行"三堂会审"。我想和这个有迷彩信仰的孩子聊一聊，一间宽阔的报告厅，足以将这次谈话的声音消散掉，促膝长谈一个多小时，我获得以下信息：张同学，云南玉溪通海人，15岁，某某cosplay社团西南地区总负责人，自2019年（13岁）开始负责召集西南各省社团成员聚演。此次逃跑策划周密，开学初期他便把手机用塑料袋封存填埋在校外，多次观察、计算逃跑路线，还自己联系车辆去昆明市区（学校在团结乡，距离昆明45千米）。他在课间，翻越围墙徒步3千米挖出手机，发现手机没电了，于是徒步走到团结乡，搭车到了昆明，成功组织策划了此次cosplay社团活动，通过售卖相应服装、纪念品等赚取2568元。听到这里，我又一次错愕不已，心想：抛开学生身份来讲，有自己的专长，不违法、不失德，能有如此组织能力及头脑，这就是个人才啊！从学校管理的角度来讲，逃学肯定不对，安全隐患不小。但从张同学外出所做的事情来讲，并没有多消极，而且他对这类文化形式有近乎疯狂的热爱。我该怎么办呢？

我们都需要接纳学生的"新思想所指导的新行为"，但是对于学生影响公序良俗的行为绝不能纵容。首先，我问张同学，下次社团活动是什么时候？还会翻墙去吗？他笃定地回答："我一定会去！"我听完后心想：到底是多重要的事，能使得他在老师面前连撒谎都放弃得直截了当呢？接着，我肯定了他的组织能力和喜欢的事情，并表示会支持他的兴趣。这时他告诉我，家里父母非常反对他做这件事情，初中的时候他就逃学去过，有一次还被父亲发现他在家的装扮，父亲将他锁在房间里一下午。从那次以后他准时上下学，认真学习，因为他意识到父亲不接受他的兴趣。然后，我肯定他的举动并提醒他：如果自己认为做得对的事情遇到了来自父母的阻碍，那就应该停下来反思和考量一下做这件事情的方式是否合理。最后，我和他达成了一致意见：按照活动的时间安排，每两周去参加一次活动，到活动时间跟我请假前往参与并让家人知晓，但这两周内他必须遵守学校的规章制度，好好学习。我还告诉他cosplay和大学的服装设计、计算机多媒体技术等专业相关，让他一定要争取考进大学进一步提升自己。当提到让家人知晓时，他眼神恍惚并表示反对。我向他保证我会用合适的方式向他父母介绍cosplay这种新潮的文化，努力让他的父母接纳。我该怎样说服家长，让他们接受1.8米的阳刚帅气的儿子去做cosplay？换作我是家长，我无从想象。

孩子有自己喜爱的事，是他的幸运。在安顿好忐忑不安的张同学后，我约他的家长单独交流。一见面家长便连声道歉，我连忙打趣让家长不必心怀歉意。首先，我告诉家长张同学是个难得的好孩子，他有非常强的组织能力，也有明确的目标。目前我们需要做的就是帮助他理顺兴趣和学习的关系，让他的爱好成为他考大学的动力。家长听后，连忙说好多年没有老师肯定他家孩子了。听到这句话，我有一点惊讶。

接着，我跟家长说，张同学喜欢的是一种新的文化元素，而且让他割舍掉，几乎不可能，就是再爬墙他也会去的。这句话瞬间让他们倒出了多年的苦水。在倾听完家长的倾诉后，我向家长介绍，他痴迷的这个社团活动首先不违法，是被社会接纳的，只是我们了解甚少而已。老师和父母一样，都希望孩子成人成才，我们对成人和成才的标准有自己的局限，如成为公务员、医生、老师等。当发现孩子的目标与我们的预期相去甚远时，我们就开始打着"为了孩子好"的旗号而理所当然地对孩子恨铁不成钢了。这种想法，实际上是我们自己的面子和观念问题，不能归咎于孩子。作为父母，我们可以对孩子有期待，但是不能把对孩子的期待强加在孩子身上，或者冠以孝顺的名义进行道德绑架，我们要尝试接纳孩子的"不完美"，要尊重孩子的兴趣。况且对张同学来说，他的爱好就是学习的最大动力，他完全可以兼顾学习和爱好。听到这，我看得出家长已经接纳了孩子的爱好。最终家长答应每两个星期去看一次孩子参加的活动，这也算是对孩子的兴趣给予支持和理解。

作为老师，我和张同学约定：按时上下课，课堂认真听讲，月考成绩不得低于班级前15名；每次参加cosplay活动要事先告知我，让我知道具体行踪；高考就走艺考这条路，目标大学是四川美术学院。至此，张同学和他的家长、学校之间达成了一致，将自己的兴趣融入学业。

后来，我因为工作调动，没能将张同学带到毕业。也许，我们参与学生的人生规划，就像夜空中的天马，在浩瀚中撕开光的口子，很耀眼又有遗憾。今年高考成绩出来以后，张同学发短信问我：艺考成绩372分可以报考云南艺术学院吗？云南艺术类（理科）本科批次分数线为320分。我又一次错愕不已。

【同伴点评】

读了王老师的文章，我立即做了两件事：一是上网查阅有关cosplay的知识，希望有更全面的了解；二是打电话了解八年前我教过的学生WX的现状。

百度百科解释：cosplay比较狭义的解释是模仿、装扮虚拟世界的角色，也称为角色扮演。由此，其在网络上衍生出了新的含义，往往被用来形容"假扮某类人的人"。现在我接手的每一届学生中或多或少都会有痴迷于cosplay的，了解学生的喜好是老师走近学生的第一步。

WX是2014年高中毕业的一名女生，在高考完的那个暑假她进省城参加西南地区动漫节，听说那次活动中她赚了两千多块钱。她从东北财经大学金融专业毕业后，回到省城自己经营一家cosplay道具专卖店，线上线下都在做。她的家长对她的爱好很支持，家庭经济条件也允许她追求自己的爱好，目前与她合伙的是她高中的同桌。WX是幸运的，毕竟女孩子在cosplay活动中装扮更多的是一些可爱的角色，容易被家长和社会接受。而文中的张同学就没这么幸运了，最大的阻力来自学校和家长，但他又是幸运的，因为有了王老师的理解和支持。

"教育工作者，就像自带针脚的线，在孩子们成长的路上说不上举足轻重肩扛大局，更像是打补丁似的穿针引线。"这句话完美解释了王老师在整个事件处理中的作用，最终他把张同学的兴趣发展推到了更高的平台。王老师和家长的成功交流也非常值得借鉴，他先肯定学生的优点，投家长所好；再关心学生的兴趣和规划，令家长感激；最后传授方法，为家长支着儿。这教科书式的谈话模式，简直不要太完美！

——工作室主持人：王惠英

侧门外的台阶，教室里的"睡神"

王玉婷

学校侧门的西边有一段台阶，每天上下班我都会从旁边经过。刚开始我就注意到了并且一直感到很奇怪，奇怪学校为什么要修建或者保留这一段台阶，我们上下班不可能走这段台阶，因为台阶就斜跨在路边，台阶尽头又是围栏，究竟为什么呢？

也许是设计过程中出现的问题吧，台阶建好后发现没用，再拆除又费力。世上本无事，庸人自扰之，我这样宽慰自己，强迫自己不再去想它。

我决定不再去关注台阶，但却一次次被它吸引——每天早上都会陆陆续续地有人歇在台阶上，时间或长或短，姿势各异。我真是哭笑不得，莫非这里的人很闲？修一段无用的台阶又时常歇在上面。我自己试着歇上一歇，可并没有觉得它有什么特别的，反倒是路人向我投来鄙夷的目光，让我浑身不自在。

无独有偶，让我百思不得其解的还有另一件事：每个班多多少少会有几个上课睡觉的学生，常被戏称作"睡神"，他们一般无心学习，自然成绩欠佳。可偏偏我教的班级中有这样一位"睡神"，几次考试下来成绩比大部分认真的同学好一些，私下议论起来我免不了自嘲一番：这学生把我置于何地啊？

我心里犯起了嘀咕：是学生对我有意见不想听我课、在校外补习，还是当真是"睡神里的考神"？这样下去学生能坚持多久，能学得更好吗？很多疑虑埋在我心里，就缺一个合适的时机下手解决。时间过得飞快，转眼间接近期末,"睡神"的成绩也一直没下滑,我暂时没找到合适的契机跟他好好聊聊这件事。

直到周末,我去了一次山头菜市场。山头菜市场和小区隔着一段坡路,学校就在坡顶上。一个小时之后我跟随叔叔婶婶们的脚步提着买的东西,大包小袋,汗流气喘,下了山头菜市场又艰难地爬上了学校的坡路,好不容易爬到坡顶,偏偏手脚不争气,连太阳也比走时更毒了。

"来这边歇会儿吧。"我闻声抬头一看,这不就是学校侧门那段"无用的台阶"吗?上面坐了好几个人,都是跟我一样从山头菜市场买菜返回的人!

原来如此,我终于明白了,安逸地放下包袱,坐在台阶上乘起了凉,真舒服!

周一,我找到"睡神",问起他上课睡觉的原因,结果不是我所联想的种种。学生觉得我讲的内容很简单,自己学起来也没有什么问题,自己想要学的在我的课堂上没有,所以他跟我一样觉得"侧门外的台阶"是无用的。在这一点上我们惊人的相似。

静下心来,我反思自己:有多少时间是在自顾自授课?有多少时间是在学生身边真正弯腰侧耳,认真倾听?我总认为自己心细如丝,却总在关键时刻粗枝大叶。从今往后,我愿保持一颗好奇的心,多思考教育的有效途径和方法,用心去了解学生,给予适合他们生长的"阳光、空气、水以及时间",而不是过分苛求他们全部都要长成一个样。缺乏温度的分数没有一丝生机。

【同伴点评】

读了王老师的文章,我专门去打量了学校侧门外那段台阶。这段台阶修建于道路未改造之前,是由西向东步行的必经之路,台阶尽头就是学校侧门。后来修的新路紧挨着台阶旁边,更加平坦,选择走台阶的人也就少了,再后来学校为了方便校门口的管理就在台阶上端修了围栏,每天从菜市场回来的叔叔婶婶们在走一段坡路后刚好借助台阶就地休息,这就是那段"断头台阶"的背景。年轻老师来到学校时看到的门口那段不可思议的台阶其实已经存在很久了,质疑过其存在意义的人应该不少,像王老师一样亲自体会过的老师肯定不多,能与自己的教学工作联系起来的就更寥寥无几了。

当课堂上"睡神"觉得老师所讲的内容犹如那"无用的台阶"时，有一种可能是他们已经另辟蹊径有路可走了，但是如果他们没有自由前行的勇气和目标，那他们就会要么以质疑要么以打瞌睡来应对看似对自己无用的课堂。而如果老师足够了解这类学生的底细，能在照顾全体学生的"面"的同时关注到个体的"点"，给予这类学生足够的关注，让其"吃饱吃好"，甚至为他们提供展示的平台，也许课堂上就会少几个"睡神"，多几个"学神"。

"世事洞明皆学问。"作为老师，不练就一双慧眼，不用心思考，似乎都无法解释课堂上学生为何睡觉。

——工作室主持人：王惠英

愿你万里归来,仍是少年

赵丽赟

回想自己的成长历程,高中时的班主任、教化学的李老师无疑是对我职业影响最大的人。那时的李老师是个快退休的精瘦的老头,每天神采奕奕、富有激情。他会在班级篮球赛时拿着一根竹竿站在对方篮筐下,在对面班级同学投篮时突然大声地喊道:"吼!"导致对方丢分;他会在大课间拿着扫帚来班里把待在教室里的同学赶出去活动,嘴里说着"出去出去,一天只会做作业,晒晒太阳也是好的";他会在我们没有完成作业的时候打电话让家长把我们带回家补作业;他会在我们课堂上发呆的时候狠狠地批评我们;他从来不占用班会课上化学,会给我们念一篇篇关于感恩的文章,自己却读着读着就哭了。这样的事情历历在目,三年时间里,我们对这个老头又爱又恨,也正是这个老头让我坚定了做一名教师的想法,做一名像他一样教我们知识、教我们感恩、教我们做人的教师。

长大后,我报考了师范大学,虽然后面读了非师范专业的研究生,但毕业后我仍然选择成为一名教师。工作的第一年,我不甘落后,认真备课,课上课下认真辅导学生,利用课余时间督促后进生巩固基础知识,和学生谈理想谈未来。在学校和自己施加的压力下,每每所教班级成绩下降或排名不理想,我都要难过很长时间。终于在紧张忙碌中我送走了自己的第一批初中学生。第二年我仍然任教初三化学,在教学中我显得比第一年得心应手了很多。在路过学校高中部看到上一届我所教的学生在高中教室里学习的时候,骄傲的心情油然而生。其间,有一部分上一届的毕业生回来看望老师,让我诧异的是回来的大多数同学都是以前我们眼中考不上本校高中部、成绩不太理想的"后进生",他们兴奋地给我们介绍步入高中后的所见所闻,表达着对我们的想念。此时我的思绪不由地飘远了,为什么在20米之隔的本校高中部上学的好多学生不回来看看曾经的老师呢?为什么有小部分熟悉的面孔在路上遇到老师也不喊声"老师好"呢?难道真是学习压力大的原因吗?

三年后,通过自己的努力,在学校的肯定和认可下,我带着初中三年的教学经验到高中任教。高中的学业压力比初中要大得多,频繁的考试和考情学情分析会,对每届考上清北、C9联盟、双一流高校学生的大力宣传,一切的一切让我的高中任教生涯十分忙碌。其间,一些听说或眼见的事情让我一度陷入沉思。

8月,已经毕业的部分优秀学子回到学校陪同新升入高三的学弟学妹上自习,他们负责监管自习纪律,并根据自己擅长的科目为学弟学妹讲解难题,分享学习经验和做题思路。一天下自习,L老师在楼道里遇到了刚下自习的A同学,就问他这段时间有师兄陪着上自习的感觉。A同学说:"我觉得挺好的,这个师兄的解题思路非常灵活,值得借鉴,陪我们上自习也很辛苦。"A同学接着说:"但是,明年你们可别叫我来陪高三的学弟学妹上自习啊。我可不想来,累得不行,又没报酬。"L老师默默地"嗯"了一声,走开了。

B同学考上了国内数一数二的大学,他刻苦学习的品质被教师介绍给了后面一届又一届的学子。但是当年,B同学私底下却不被大家喜欢,因为在大家口中他是一个自私的孩子。可能对于他来说,学校教授了他知识,他考上了好大学也给学校带来了荣誉,这无非是一个双赢的互利结局。

当然,绝大多数的孩子都懂得感恩,懂得在成才的同时更要成人。但是那些极少数的个例却一直让我耿耿于怀。我想要孩子们站在我们的肩膀上,飞向我们可能已经没有机会到达的远方去看看;想要孩子们以后走入社会时多一些选择的权利,虽然职业无贵贱;想要孩子们去学术氛围浓厚、有大师、有益友的环境中学习。这些"想要"都建立在"高分"的基础上。是不是在平日里我们都太过于关注分数了?我们很多时候忽视了孩子们的优点,而把评价的目光放在不利于得高分的不足上。我们的教育,是不是过于"功利化"了?我们的教育,还是"静待花开"吗?

著名历史学家、古文字学家、清华大学教授李学勤曾指出当下教育的一大问题：太过功利化。现在的教育很大程度上把个人的物质利益与教育结合在了一起。中考高分能去好高中，高考高分能去好大学，大学拿到一系列证书能找到好工作。北京大学钱理群教授说："我们的一些大学，包括北京大学，正在培养一些'精致的利己主义者'。他们高智商、世俗、老道、善于表演、懂得配合，更善于利用体制达到自己的目的。这种人一旦掌握权力，比一般的贪官污吏危害更大。"看看我们的中学教育，有多少孩子在家不做一件家务，成绩好才是家长炫耀的资本。取得好的成绩能被老师表扬，考上好的大学能被母校作为榜样。从社会到家庭，从家庭到学校都过于关注"成绩"，这更加助长了教育的功利性。

想起李老师在班会上给我们念文章，具体什么内容我已经回忆不起来了，只浅浅记得是关于母亲与孩子的，念着念着他自己红了眼眶。正是他这样的行为，教会了我们感恩，让我们形成了正确的三观，让我们知道了什么叫"学高为师，身正为范"。

【同伴点评】

虽然已经年近四十，但是读着赵老师的文章，我仿佛也回到了我的高中时代。那时候我们对老师，尤其是对班主任的敬畏之心是与生俱来的，上学期间我们对老师都是又爱又恨，毕业以后，提到当年的中学老师，绝大多数都是心怀感恩。

我想到我之前任教的一个民办学校里发生的一件事。那所学校很多学生的家庭经济条件都非常好。有一次，一个高一的学生上课讲话被语文老师点名批评，他居然跟老师叫板说："有本事你把我开除了，把学费退了，看谁给你们发工资。"当时我是学校的教务主任，我把学生叫过来，跟他说："把你家长请来，你今天必须跟老师道歉，否则我就开除你，我倒要看看到底是我不能开除你，还是不敢开除你。"结果学生和家长马上道了歉，这件事也给其他蠢蠢欲动的学生提了个醒。事后，我一直在想，学生之所以变成这样，问题到底出在哪了？毋庸置疑的是家庭教育中父母的引导环节出了问题，如果家长给孩子灌输的是家长交钱后学校和教师就得无底线无原则地为孩子服务的思想，那孩子从心里建立起来的师生关系就是金钱和利益的关系，没有师道尊严，没有师生情谊，而分数至上的评价和选拔也是部分学生肆无忌惮地在老师面前大放厥词的主要原因。对于教师来说，无论任职于民办还是公办学校，都要挺直腰板做人，因为跪着的老师教不出站立的学生。就像常生龙老师说的："教师蹲下身子，就像一堵墙，为学生遮风挡雨；教师弯下腰来，就像一座桥，引领学生走向智慧的彼岸；教师挺直腰板儿，就像一把梯子，引导学生攀登科学高峰。教师要担负起自身的使命和责任……只有挺直了腰板儿，做一个站直了的人，一个大写的人，才能够真正引领学生成长，教会学生如何做人。"希望多年后我们也能成为像李老师那样值得学生一辈子感激和尊重的老师，希望我们的学生在阅尽千帆之后，归来仍是少年。

——工作室成员：李红燕

半份快餐的力量

赵买琴

"在学校少言寡语，行为怪僻""上课要么无精打采，要么玩手机""顶撞老师""无数次请家长到校，家长也说不得、教不得""家长、老师无数次耐心说教，回应是甩脸、沉默、不理你"……这是我在高一年级办公室听到同事对隔壁班×××同学的评价。老师与家长无数次碰面后达成共识：只要他安心待到毕业，不惹乱子，知识学多少都无所谓了。听着同事的抱怨，我暗自庆幸：还好我没有任教×××同学所在班级，不用与这样的学生面对面。

转眼到了六月份。对于我们学校高一年级的师生来说，六月份注定是一段忙碌的日子，因为要备考云南省普通高中学业水平测试。而我校高一学生是本市高中最后一批次录取的学生，学习基础薄弱，所以学业水平测试不能放松。老师积极精选习题，辅导学生，争取把模考平均成绩从四十几分提升到六十几分；学生反复练题，找老师辅导——辅导完物理，辅导化学，再辅导生物。在这样的环境下，办公室的老师和学生都忙碌得充实极了。

那天下午一点，我辅导的学生走了一批，下一批吃完饭又回来了。我知道来不及去食堂吃饭了，索性点了份外卖，半小时后，辅导完成，学生走了。外卖电话响了，我饿得手脚没力气，便请旁边一名学生帮我去学校门口拿外卖。几分钟后，学生送来外卖，这时我才看清楚帮我拿外卖的学生不是我所教班级的学生，他脸色有点苍白。可能是忙着做题，没吃饭吧！我心里想。

"同学，你吃饭了吗？"我随口问道，他没有回答。

可能有点腼腆吧！我心里想。我立马拿来我的饭盒，将餐盒里的饭分成两份，递给他一份："快吃吧，吃完饭才有力气学习。"

"老师，我不饿，不想吃。"

"怎么可能？老师都饿了，你肯定也饿了！你又不是铁人。"我开玩笑说。

我把餐盒塞到他手里，他不好意思地接过餐盒，接着说："老师，我碗里的肉多，你碗里肉太少啦！我再分点给你！"

"不用，我的够多了，我减肥，你多吃点！"

吃完饭，他拿过我的饭盒："老师，我帮你洗碗。"说完，这个大男生箭步跑出去洗碗了。

我收拾完毕后，就回到教师宿舍午休了，几乎没有来得及问问他的名字。

这顿饭之后，学习生活依旧。第二天课间，他来到办公室，在我桌子上放了一颗糖。第三天课间，他拿着化学试卷，找我辅导。

辅导完成他走后，隔壁班化学老师神秘地对我说："赵老师，你知道这个学生是谁吗？他可是我们年级有名的×××同学，入学快一年了，请过家长无数次，跟老师对着干是常态。前几天我亲自请他来帮他辅导化学，请不动！今天他居然主动找你问化学题，太反常了！你是怎么做到的？"

怎么做到的？在这之前，我甚至不知道他的名字！我想，应该是那不经意间的半份快餐的作用吧，吃饭期间我们还聊了家常，也许就是这件小事拉近了我与他之间的距离。

我们的教育容易走进"爱"的误区，片面地认为关注学生的学习状况、考试分数就是关心爱护。其实真正的关心爱护，不仅是学习上的"扶智"、生活上的"扶贫"，更应该是心与心之间的交流。我们要注重细节教育，可以与学生拉拉家常、谈谈自己成功或失败的过去，甚至可以抖抖自己的"丑事"，请学生帮帮忙、出出主意，以此拉近与学生之间的距离，像朋友一样与学生相处，获得学生的理解与信任。我想，这份温暖便能渗入学生的心田。

【同伴点评】

夏丏尊先生说："教育没有情感，没有爱，如同池塘没有水一样。没有水，就不能称其为池塘；没有情感，没有爱，也就没有教育。"赵老师用半份快餐的事例告诉我们爱是教育的法宝，是教育成功的原动力。其实我们大多数教师并不缺少对学生的爱，而是缺乏爱的方式。我们会不自觉地把纠正学生课堂上的表现、苦口婆心的劝诫、每时每刻的监管和恨铁不成钢的气恼都归于爱孩子。而赵老师这看似无心安排给学生帮忙取快餐的任务以及和学生共度午餐时光何尝不是一种恰如其分的爱。

面对学生的屡教不改，很多老师甚至家长只能采取妥协的方式，只要学生不惹事便万事大吉。其实，每个逆反的学生都有一根软肋，很多时候我们爱的方式错了就是因为没能找到这根软肋，就如有人说的：可以顶住万千斥责，就怕有人真诚的关爱。教育家马卡连柯说过："爱是一种伟大的感情，它总在创造奇迹，创造新的人。"赵老师这半份快餐不就创造奇迹了吗？

——工作室主持人：王惠英

理解和关爱，这真的不难

王玉婷

和许许多多普通老师一样，高考之后的一纸录取通知书将懵懂的我带入师范院校，然后便顺理成章地开启了教育生涯……寒来暑往，教案、课本、作业本、铃声，日子并没有什么不同。

临近年末，一个因疫情需要隔离的通知，打破了平静的日子。我们只得暂时离开学校，在隔离处远程工作。虽然隔离时间不长，但我在工作中却遇到不少线上教学的问题，就像小品中说的那句"距离有了，美没了"。短短一周的经历，足够让我安静下来回顾、反思这将要过去的"近乎疯狂"的一年。思来想去，我好像明白了——学生也有无法突围的时候。

事情发生在隔离的第二天，下午我建了作业群，学生陆陆续续都进来了，我看时机到了，就发了个更改备注的公告。到了第二天早上8点，我布置了作业，一些没改备注的同学开始"求放过"，而我并没有理会。到了下午7点，我询问学生的作业情况，还是有些没改备注的同学回应"没有纸，没有笔，没有书"之类的话。我有一点生气，带着情绪发了一句："你们隔离不用带书的吗？"沉默许久之后有一条信息发出后被迅速撤回了。我没看清是什么内容，但是有学生悄悄告诉我被撤回的信息是："你们隔离不用提前通知的吗？"听见这个消息的时候，说实话，我更气了，气学生在我多次提醒后也不更改备注，态度还这么不礼貌，为自己不做作业找借口。生气过后我想了很久，我想自己到底是哪里做得不对，或者是平时说话哪里没有把握好分寸以至于这名学生对我持公开抵触的态度。

到了晚上10点，我终于可以在作业群里讲解习题了，可学习氛围一直处于不温不火的状态，叫人半天都没有回应，我的怒气直线飙升。直到学生发了段视频给我，我一看才知道学生正断断续续连夜转移隔离点。我在作业群里简单安慰并交代几句之后，那名之前抱怨的学生最后出来发了两句话："您也是，照顾好自己。""穿好衣服，别感冒了。"虽然隔着距离和手机，但是这简短的十几个字给我的"后坐力"却一直持续到现在。在短短几个小时之内同一个学生的反差太大了，我甚至怀疑这是不是同一个人讲出来的话。我不禁想，如果没有人性和情感的调和，智慧和教育是不是会失去价值？疫情之下，除了物质、世俗到底什么更重要？我好像忽略了最重要的身边的人和情感。

对于带有情绪的质问和简单的关心，学生其实能够分辨和体会，也可能会"不合时宜"地反馈给我，我自己从教一年以来不也有很多"不可理喻"的言行吗？人生就像在不停地"突围"，自己是这样的，为什么不允许学生也有这样的时刻呢？

理解和关爱，其实真的不难。

【同伴点评】

疫情是面镜子，可以照他人，也可以照自己。

记得2020年3月因为疫情首次开启线上教学，面对各种软件安装、系统更新以及设备使用，无论直播还是录播的教学方式对中老年教师来说都是一种挑战。当时有老教师戏谑地说："这段时间就忙着焦虑如何让课先播起来，都忘记要播什么了。"经历了焦虑、烦躁，在手忙脚乱的一个月之后，一切步入正轨。回想当时的线上教学，有这么几个高频率的关键词：焦虑、烦躁、崩溃。可静下心来仔细想想就会发现，这些负面情绪真是疫情时期的特定产物吗？我看也不尽然，只是当时大家习惯把这一切都"甩锅"给疫情，好让自己稍微心安一点。

在面对各种不确定因素带来的挑战时，我们最需要做的就是沉下心来冷静面对。无论线上教学还是线下教学，不变的是我们担当的教育使命，变化的是我们与如同虚拟存在的教学对象之间少了耳提面命的交流；不变的是心灵的相通永远是教育的目标，变化的是隔着屏幕确实会带来交流的误解和阻碍。我们要在慌乱中学会沉淀自己，在无助中学会锻炼自己。

无论面对何种变化，请别忽略身边的情感，记得在细节中渗透教育，在线上表达一份理解、一声关爱。这，真的不难。

——工作室主持人：王惠英

这，是我眼中的那个他吗？

代然

一个周五下午，我参加了语文教研组组织的"高二年级读书月演讲比赛"活动。每个班都有两名学生参与。台上的孩子们或故作老成或激昂扮演，或配背景音乐或附幻灯片小视频，精心准备中仍可窥见几分稚嫩与刻意模仿，但他们努力向演讲应有的态势、声调、模板靠拢。我安静地欣赏着，毕竟都还是孩子，他们做得已经很好了。

接下来上场的是3班的一个男生，黑硬的头发，圆形的黑框眼镜，宽扁的鼻梁下是略厚的嘴唇，黝黑的皮肤上点着几个痘痘。这样憨厚的外表无论如何与巧言善辩、滔滔不绝的演讲者都联系不到一块儿。更重要的是，在班上，这是个英语成绩极差的男生，几乎处于自我放弃的状态。虽然谈话时他偶有虔诚的态度，或因激励的话语而产生的特别的亮光闪烁在他的眼里，但当回到具体的课堂上，回到实际需要出声出力、运用脑力的学习环节时，他暗淡无光的眼神、不时"点头"瞌睡的样子就又回来了。几经反复，我对他的鼓励也渐行渐远了，仅维持在课堂上做必要的提醒。

轻快的音乐把我从记忆中拉回演讲现场，他的故事开始了，内容是近期颇具影响力青年作家李尚龙的代表作品《你只是看起来很努力》的读后感。他一手拿着话筒，一手随着演讲内容轻松地比着各类手势，这些手势完全不是因为刻意模仿而做出的僵硬的"加油"或机械的手势，而是自如而应景地对声音及内容进行补充、强调的手势。他的声音轻柔、语调自然，像是潺潺的溪水，缓缓流入听众的心间，让人产生在明媚的阳光下、汨汨溪流边与亲朋好友亲密交谈的美好感受。他一直微笑着，不时表现出疑问、释然抑或憧憬未来的表情，温暖而亲切，自然不做作。

伴随着同学们发自内心的掌声和几个男孩子赞赏的叫好声，他的演讲结束了。当然，如大家期待的，他脱颖而出，荣获第二名的好成绩。他今天的表现让我非常吃惊。这，是我眼中那个孩子吗？他的自信、自若、自然以及眼中由内而外散发出来的光芒让我认识了完全不一样的他。在英语课上的萎靡不振、自卑怯懦远远不能代表完整的他，而我的教学没有把那个闪闪发光的、熠熠生辉的他唤醒，没有给他展示自己优点的机会，这是我的失败。感谢这次机会，让我重新发现他，也重新审视自己的教学。

有句话是这样说的："教好自己喜欢的学生，那叫名师；教好自己不喜欢的学生，那叫大师。"在让这名男生获得学习英语的自信的道路上，肯定还有很多反复，甚至不可预测的情况，但我会时刻想到他今天头顶光环的样子，并努力让这个样子出现在英语课堂上。

【同伴点评】

读了代老师的这篇文章，我为代老师"换个角度看学生，总有亮点惊艳你"的智慧点赞。我脑海中有两幅画面交替出现：一幅是英语课上双眼无神、自卑怯懦、自我放弃的"差生"形象；另一幅是舞台上手拿话筒，面带微笑、声音轻柔、语调自然，温暖而亲切，自然且自信的演讲者形象。显然，代老师在描述学生演讲比赛中的高光时刻时用了不少如闪闪发光、熠熠生辉等词语，教师对学生的期盼和欣赏跃然纸上。在把对学生的评价由单一的知识掌握转向综合发展，如语言表达能力、自信心、与人合作的能力等时，我们会发现角度不同，学生也不一样了，五十个学生一定有五十个特点或者亮点。建立在这样的基础上的教学会让教师体会到教的幸福，让学生体会到学的快乐。

当然，本文最大的意义除了体现在教师能换个角度看学生，落实教师对学生的多元评价理念外，还体现在教师能"以人为镜"，结合学生在不同环境中的表现对自己的教学进行自省，勇于为学生发展的不均衡承担责任。

——工作室主持人：王惠英

一封教师节的来信

刘湘菊

"刘老师，谢谢您，可能您已经不记得高一下学期发生的事了。那天我一个人趴在教室外的栏杆上，因为失去了从小陪伴我的狗狗，内心十分崩溃，不仅在于它是我的家人，更有许多害怕与无助。就在这个时候，您出现了，询问我发生了什么事，然后开导我、安慰我。您耐心地听我诉说，不停地鼓励我，告诉我一切都会好起来。也许您并没有把这件事放在心上，可那些安慰和鼓励却陪伴我走过了那段最艰难的日子，也让我一直心怀感激。在教师节来临之际，小H祝您节日快乐，永远开心！"

收到这封信，让我觉得很意外。小H是班上文静、内向的姑娘，平时和我的交流并不多，很难想到她会突然给我写信。而这封信也将我的思绪拉回到了她信中说的那一天。那是一个中午，所有同学都在教室休息，整层楼很安静，所以当看到独自趴在走廊栏杆上的小H时，我很好奇，就走了过去。只见她呆呆地望着窗外，表情特别失落。出于关心和担心，我和她聊了一会儿，具体的聊天内容我已经记不清了。

在一年后的教师节收到了她的这样一封信，于我而言，颇感意外。我没想到自己曾经不经意说的一些话能对她产生那么大的影响，也没想到她能记忆至今。在意外之余我也很感动，感动于小H如此有心，能将这么细小的事记那么久，同时让我深深感受到了作为教师的幸福。

雅斯贝尔斯说过："教育是一棵树摇动另一棵树，一朵云推动另一朵云，一个灵魂唤醒另一个灵魂。"我曾经对这句话没有什么感触，但今天却真正体会到了老师的一言一行对学生产生的影响。也许我一个小小的鼓励，一声真诚的安慰或一句善意的提醒，就能对学生产生积极的作用，在他们心中播下希望的种子。

小H的事也从侧面反映出一个问题：班上像小H这样不爱说话、内向的孩子还有很多，他们很多时候都是被老师忽视的。他们虽然与老师的交流不多，但在内心深处很渴望得到老师的关注与鼓励。感谢小H的这封信，让我感受到老师在学生成长过程中所起的作用，同时提醒我把关注学生的工作做得更细致、更日常化。

【同伴点评】

关于教师节礼物，你期待的是什么？在我看来，这样一封来自学生的诚意满满的感谢信，甚好！为人师者，我们都希望学生能在自己的影响下勇敢应对生活中发生的变故，对别人给予的帮助表达真诚的谢意。小H做到了，刘老师也被感动了。

一封信的意义不仅仅是一时的感动，还有沉下心来的反思：一是反思关注学生的面和点。那些不善言辞的学生，那些无关学习成绩的生活中的琐碎之事，那些隐藏在表象下的情绪，都是我们关注的内容。二是反思关注的方式。"说者无心，听者有意"，也许教师轻描淡写的一声赞美会让学生记一辈子，教师一个鼓励的眼神会让学生满血复活。当然，有时教师无心的一句否定也许会浇灭学生心里刚点燃的火星。我收到过很多学生的信息，就为感谢当年的一句肯定或鼓励。说者早已云淡风轻，听者却刻骨铭心。我也收到过为数不多的学生过节时发来的短信，竟然是质问老师为何把自己当作某次家长会上的反面例子。这样的短信虽已过去十余年，但却让我记忆犹新，教会了我如何说话。

做教师，我们还得学会慎言！

——工作室主持人：王惠英

老师，我开始背单词了

冯建东

"你看看，这次考试才考了63分，英语你还想不想学了？""连这么简单的单词都不记得，你这英语是怎么学的？"刚进办公室就听到英语老师在批评WZY同学，学生脸上一副无能为力的表情。英语老师是新换的，我也是中途接手的新班主任。刚接手班主任，就遇到了脾气这么火爆的英语老师，把学生骂得一愣一愣的。

我们班是个普通班，WZY同学的成绩在班上处于中上水平，主要在英语学科方面问题很大。WZY同学的理科思维很好，数学成绩相对突出一些，物理和化学成绩不理想。但是他经常从网上购买化学仪器、化学试剂以及物理电路来自己做实验。他组装过特斯拉线圈，火花带着闪电把同学吓得不行，还把易燃易爆的酒精、乙醚等带进教室，课余时间指不定在哪个角落里做危险实验。他曾经还写了一篇几千字的文章反驳相对论。总之，他的兴趣爱好比较奇怪，就是不能静下心来读读写写、记记背背。

可能是因为刚转换成了班主任的身份，对于学生的发展我感觉责任更重了。看到WZY同学这样的情况，我就想尝试通过自己的引导改变他的英语学习现状，助他进入理想大学深造。

我们的交流从最近一次的考试成绩开始，我主要听他说自己的想法。他说其实自己很想学好英语，但是因为基础太差，静不下心来记单词，现在已经进入高三，就更没有信心学好英语了。回家休息时间大多都花在查找有趣的科学实验以及动手做实验上。听他说完后，我首先表扬他连兴趣爱好都这么有科技含量，不是俗人。然后我给他介绍了大学里面有很多做不完的实验，有很多他能想到的、想不到的药品和仪器，还有很多设想都可以通过实验验证。看得出他对大学的实验室表现出浓厚的兴趣和向往。我还给他介绍了有关高考的录取政策。这样的交流我们进行了好几次。慢慢地，他知道了自己的英语成绩会影响分数，认识到高校录取时分数的重要性。我还教会他如何了解自己喜欢的学校和专业，帮助他树立目标和制订计划，改变自己的学习习惯。在这个过程中，我也积极与他的家长沟通，及时反馈他的学习情况。同时，我把WZY同学的整体情况向英语老师介绍，请她多关注WZY的英语学习，多做学法指导。经过一段时间的跟踪教育，我发现WZY同学花在做实验上的时间逐渐减少了，晚饭后教室里出现了他刷题的身影。第二次月考，我特意看了他的英语成绩，进步了5分，我及时和他分析成绩和最近的学习状态，肯定了他的进步，指出可以改进的地方，不断给他加油打气。他告诉我："老师，这几个星期我开始背单词了，我想考重庆邮电大学。"看到他的转变，我感觉到这个孩子觉醒了，这段时间的跟踪教育有了一点效果。

后来，WZY的学习状态越来越好，加上本身的理科思维比较好，在后面的考试中每次都有进步。到了高三下学期，他的英语成绩已经能稳定在90分以上，其他科成绩也有不同程度的进步，他也感受到了学习带来的成就感和快乐。他的年级排名逐渐冲到了前30名，前20名，前10名。最后一次统测，他排在了年级第三名。高考时他考了592分，英语成绩109分，最终差6分没能考上重庆邮电大学，进入了西安邮电大学。后来他告诉我，进入高三后，他也担心自己的成绩，但是不知道怎么办，在我和他的多次交谈之后，他才找到了努力的方向，也有了信心和决心。从那以后他就坚持在每天放学后背半小时的英语单词，慢慢地找到了学习英语的感觉，成绩也有了提升。虽然没有进入预期的重庆邮电大学，但是目前他对西安邮电大学也很满意。这样的结果，也让我倍感欣慰。

在教学工作中，我们不可能每次都能遇到这样的"潜力股"学生，但是如果我们在工作时细心一点，及时发现学生存在的问题和面对的迷茫，能够在关键时刻给予学生关注和指导，可能就会有不一样的结果。我们不奢望有多少学生能在自己的影响下做出明显的改变，但是，当听到学生告诉我们：老师，我开始背单词了；老师，我按时完成作业了；老师，我这周一次都没有迟到……这样的告白不就是对我们工作最好的肯定吗？

【同伴点评】

读了这篇文章，我首先为WZY同学感到庆幸，庆幸他在高三关键时期遇到了班主任冯老师。新上任的班主任得先"烧三把火"，冯老师从远处着眼、近处着手，看似简单平常的措施，如了解学生的爱好、督促学生背单词以及对大学专业的介绍，实际上已经给学生定下了目标，然后结合学生的兴趣和优势，一步一步引导其靠近目标。当然，冯老师的这"三把火"一直"烧"到了学生毕业。

从教这么多年，我遇到的像WZY同学这样喜欢探索、动手能力强、善于思考的"潜力股"学生还真的不多。当然也许是自己对学生的了解不够，因为有些兴趣的源泉藏在深处，需要挖掘才能发现。我在想进入大学以后，WZY同学会不会拿那篇反驳相对论的文章去跟他的教授讨论？他对实验的热爱还在坚持吗？这样的学生值得作为教师的我们一直关注下去。

此时，我想到了2022届的毕业生小徐在查到自己被华中师范大学录取后第一时间给我发来的消息：

"老师，我考上了！"

"我深深地记得，高三时，您才到我们班任教，第一天，您就跟我谈起华中师范大学。"

"后来在一次书面交流中，我把目标改为了西南大学，您看到后，立马找我谈话，我记得当时您说'求上者得中，求中者得下'。"

"哈哈哈，我就想着要和您分享，因为您一直鼓励我考这所学校。"

作为教师，我们肩负着一项十分重要的教育任务，那就是不断地扶植学生的愿望，并借助一些专门的工作方法来助力他们实现愿望。

——工作室主持人：王惠英

孩子，别轻言放弃

刘湘菊

小张是班上的优秀学生，成绩在班上一直名列前茅，就是英语有"短板"。一直以来，他在学习上都刻苦自觉，不太需要我操心。可最近一段时间，我发现他的学习状态很差，上课没有精神，下课经常趴在桌子上睡觉，作业完成效果也很差。我向其他老师了解情况后发现，他在其他课上也大致如此。又经过一周的观察和多方了解，我决定和小张聊一聊。

当我把我观察到的他最近的学习状态向他描述后，他低下了头，什么也没说。看他没什么反应，我有些生气，说道："现在离高考不到100天了，以你现在的学习状态怎么去应对高考呢？"他无所谓地说："就这样呗，能考多少算多少。"看着他满不在乎的样子，我痛心疾首，想好好骂他一顿，又觉得没有用，反而可能会激发他的逆反心理。于是我耐着性子说："我记得刚升入高三时，你精力充沛，学习主动。当时，你告诉我，你的目标是一本，现在怎么会这样了呢？"他有点羞愧地低下了头，过了一会儿才说道："我也不知道怎么办，感觉努力和不努力没什么差别，成绩还是老样子。"我继续询问："你依据什么得出这样的结论？"他说："上学期，我发现自己有很多知识掌握得不好，就开始花时间去弥补。我已经努力做了，可成绩还是上不去。"看来他并不是一开始就自我放弃，而是在执行过程中遇到问题了。我接着说："你都尝试做过些什么？详细地和我说一下，我们看看还有没有其他的办法。"他说："化学部分我做了9道电化学的专题，生物部分单独练习了选修部分，英语部分在记单词。"我问："这些事情你做了多久呢？真的一点成效都没有吗？"他说："电化学部分练习了一周，后面再碰到这样的题目基本都做对了。元素周期律还有些问题。生物的选修部分也基本能拿分。只是英语记了一个月的单词还是不行，所以后面就不想花时间再记单词了。"

听了他的描述，我发现他的问题在于不能坚持。于是我开导他："看来并不是没用啊，至少你训练过的化学和生物专题能够得分了，说明你的付出是有用的。而英语是一门积累性的学科，只有日积月累，学习成果才能慢慢体现出来。你之前在这个科目上花的时间比较少，要想在短时间内快速提升确实很难。"

看着他的表情不再像之前那么自暴自弃了，我接着说道："高考是一场持久战，你发现自己努力了，可成绩依然没提升，主要有两方面的原因：第一，你遗漏的知识有点多，你做的努力还不足以弥补那些缺口，而考试的题型会有变化，很可能你复习的板块没有考到。第二，你对知识的复习不够深入，理解和运用中还存在问题，考试就是给你一个机会去寻找问题。高考复习是一个不断发现知识漏洞，再进行弥补的过程。你得坚持不懈地做下去，当你把这些漏洞一点点补上的时候，你的成绩就会慢慢提升了。以后每次考完试后，给自己10～20分钟的时间去调节情绪，然后问自己：复习过的专题是否得分了？如果答案是肯定的，那么说明你的复习发挥作用了；如果答案是否定的，那么你需要看看是哪些地方没有掌握牢固，再进行分析和训练。不要否认自己的努力，只要方向是对的，出现问题，咱们想办法解决就行了，千万别停下脚步。"听到我这样说，他的眼中浮现出一丝坚定。我继续鼓励道："高考不仅是智力的比拼，还是耐力、毅力、心理素质、身体素质的综合考验，在这样一次次的发现问题又解决问题的过程中，你的毅力和心理素质都会得到磨炼，这对你以后的成长是一笔宝贵的财富。所以，当自己坚持不下去的时候，不妨从磨炼自己的角度去想想，你会找到坚持下去的理由。现在还不到最后一刻，只要自己努力去做，提高一分也是进步，不是吗？不要太早下结论，别轻言放弃。"

我看着他，能感觉到他心中的激动。他告诉我，愿意重新制订自己的学习计划，愿意努力付出，不轻易放弃。在之后的学习中，小张上课的精神状态好了很多，积极参与课堂学习，下课也主动找老师问问题。看到他又重拾学习的信心，我知道之前的沟通有点成效了。

在教学过程中，我们经常会碰到诸如小张这样的情况，他们努力付出过，却因为短期内看不到进步而丧失学习的积极性，甚至放弃学习。

面对这种情况，首先，我们要真诚、耐心地与他们交流，了解问题所在。在这个过程中我们要引导学生多说话，从他们的话语中寻找信息。其次，我们要接纳他们的情绪，让他们感受到老师是理解他们的。只有感到自己被理解、被认同，他们才会更加信任老师，也才更愿意接受老师提出的建议。再次，我们要站在学生的角度与他们一起分析问题出现的原因，再引导他们寻找解决问题的措施。最后，在学生实施措施的过程中，我们要充分发挥鼓励和引导的作用，一方面对于他们的进步要及时鼓励，增强他们的自信心；另一方面要引导他们正确看待得失，不因为一次失败就否定所有的努力，而是从失败中寻找原因和解决措施。

【同伴点评】

坚持做一件事难吗？有时挺难的，难在那种付出努力后看不到进步和变化的沮丧和失望。但有时候又觉得坚持并不难，因为总有人在想方设法帮助你、关注你，就像小张同学遇到刘老师一样，小张同学得到的是兼具学科方法和思想疏导的专业指导。小张同学是幸运的，因为他自身的努力，还因为刘老师的耐心和专业。在小张同学的这段成长过程中，刘老师就是起着关键作用的"重要他人"。

在教学生涯中，我们一定遇到过很多"小张同学"——入学时的优秀学生，后来因为未能坚持下来放弃了努力，离自己的理想渐行渐远。反观自己的成长又何尝不是这样，那些曾经立下的flag，也许离结果已经近在咫尺，可惜还是没能实现。试想，如果曾经的我们也能在自己追求目标的过程中得到"重要他人"的帮助和点拨，也许我们就可以少一点遗憾。既然如此，那我们就努力做好学生成长过程中的"重要他人"，像刘老师一样，用耐心和专业去成就每一个快坚持不下去的孩子。

——工作室主持人：王惠英

我眼中的学困生

武俊佘

每个学校都有学困生，再好的班级都有最后一名。面对独一无二的个体，因材施教虽说无法"消灭"学困生，但数量上一定会有所减少，更重要的是让孩子们在收获知识的同时，收获成长！

在我看来，学困生是指学习成绩暂时落后的学生。这些学生，没有由先天或者生理因素造成的智力障碍，而是没养成良好的学习习惯、没建立明确的学习目标以及缺乏必要的自律，导致学习成绩落后、纪律观念淡薄。学困生主要表现为：对学习不感兴趣，上课不注意听讲，喜欢自由，有时懒惰贪玩、孤芳自赏，甚至狂傲不羁。在现有教育体制下，学困生似乎成了不受老师欢迎的一个群体。不必说不写作业让老师火冒三丈，也不必说一段话背三天也没背会让老师着急上火，单说那点儿少得可怜的分数就足以让老师失望和懊恼了。

初识HR是在一次化学公开课上，我坐在最后一排，刚坐下就发现旁边的一名男同学有些紧张。开始老师听写几个方程式，他就偶尔写几笔，而且一直用手捂着作业本。写完后订正时，我发现他一个方程式没写对，作业本也被涂抹得模糊不清。他刚想把作业本收起来，我就伸手指着方程式："这是错的，订正两遍。"他看了看我，不好意思地笑了笑。接下来的新课，他一言不发，一副"事不关己"的冷漠表情。等老师带着大家分析结束后叫同学们画实验装置图时，他将教材上的图搬下来草草了事。我翻了翻他的课本，与新书无异。订正完装置图后，老师请两名同学上讲台组装装置，直到这个时候，我才看见他双眼透露出期待，一副跃跃欲试的样子。看着那么多举手的同学，我小声对他说:"再不举手就没机会了!"他没再犹豫,将手高高举起,老师看到后,惊喜之余选了他,他高兴地走上讲台并认真完成了实验组装。

下课后,我笑着对他说:"装置连接得很好,动手能力不错嘛!"他摸摸头,激动地跟我讲:"老师,我喜欢化学实验。"我说:"那就好好学化学,实验需要理论做基础。"之后这名同学每每见到我,都会微笑着向我问好,并且深鞠一躬,我则开心地点头回应。

高一下学期文理科分班时,他选了文科,机缘巧合,进了我的班级。第一天,我刚进教室他就高兴地和我打招呼,还热心地帮我调试多媒体。在后续的学习过程中,虽然他成绩不算太理想,但我看得出他在尽力改变。

教师节那天早上,他塞了个小纸条给我。他说他记得自己曾经问过我:中考化学考15分是否还有救?他说他的理想是考上师范大学,还说了不少感谢我的话。之前鼓励他的话我真的忘记了,但是他说每个教师节都要给我小字条的承诺我却记下来了,他的目标我也记下来了。学生时代的想法总是单纯而美好的,每天的知识积淀都是向着理想的目标靠近。

其实这样的学生每个班上都有几个,他们只是十几岁的孩子,需要鼓励,更期待老师给予关注。作为老师,都希望教好每一个学生,但每个学生的学习能力不同,考九十分的也许很轻松,而考四十分的也可能很努力。教育家魏书生说过这样一句话:班里意志最坚强的是那些成绩差的同学,他们每天要忍受老师的批评、父母的责骂,可还得坚持到校上课。我还在一本书上看到这样一句话:老师有没有爱心,就看他对待差生的态度好不好。是啊,教育本来就不是什么轰轰烈烈的壮举,而是平平常常的守望,是对学困生的理解和宽容,是对他们恰如其分的帮扶和耐心的引导。比成绩更重要的是老师的评价标准,是学生的健康成长。

【同伴点评】

有人说:学困生好了,班级还会差吗?可学困生实在是"困"得五花八门,"困"得根深蒂固,这时老师的态度和方法就显得尤为重要。就像文中的HR,中考化学考15分,这样的分数,任何一位高中老师看了都会感到沮丧。可他却喜欢做实验,在做实验时,他的眼里是有光的。对他而言,实验也许就是撬动他转变的支点。武老师看似不经意的赞赏和鼓励，对学生而言可能会起到点石成金之效。因为对于学困生来说，他们的闪光点太宝贵，教师只有抓住时机及时鼓励，才能点燃他们的热情，从而转变他们的学习态度。同时，武老师适当"示弱"，创造机会让学生提供帮助，这样学生会从中体会到自己的价值和存在感。

当然，对待学困生最重要的还是老师的评价角度。武老师眼中的学困生是"学习上暂时落后的学生"。她既不否定学生的非智力因素，又对学生的未来充满期待。老师对学困生的评价角度决定了转变学困生的方法、方向和效果。这是我们需要随时提醒自己的。

——工作室主持人：王惠英

我这样和学生沟通

刘湘菊

赫兹里特说过：谈话的艺术是听和被听的艺术。沟通很简单，三岁的小孩也会沟通；沟通也很复杂，即便是杰出的外交官也会出错。小Q是令我很头疼的男生：上课睡觉、讲小话、抄作业，还爱接老师话茬。每隔几天，就有科任老师向我"告状"。我尝试过和他沟通，希望他能改掉这些坏习惯。但每次他都摆出一副吊儿郎当的样子——身子歪向一侧，斜视着我，双腿还一直抖动，这种样子常让我们的沟通以失败告终。可我不想放弃他，决定另寻出路。

我开始审视之前的沟通，大多都是因为他犯了错被我叫到办公室，在他看来，这些沟通都带有指责的意味，自然容易引起他的反感。美国心理学家威廉詹姆斯研究发现：人类本性中最深刻的渴求就是受到赞美。作为班主任，要善于在学生身上寻找闪光点，并予以积极肯定。我开始寻找小Q身上的闪光点，发现他的书写不错，于是打算以书写作为沟通的契机。

一次自习课上，我把小Q叫到身旁。刚开始，他以为我又要批评他，然后摆出老样子——身子歪向一侧，准备听我"训话"。我没在意，继续说道："你的错题本用不同颜色的笔标出了重点，整理得很认真，真棒！"可能没想到我会这样说，他有点惊讶，随即又不好意思地笑了。感受到他没有抵触情绪，我接着说道："整理得这么认真，应该会了吧？你给我分析一下。"他拿起试卷，一副"这还不容易"的表情，刚开始讲得挺清楚，可是讲了两道题后就变得支支吾吾了，他一边挠头一边有点羞愧地看着我。我没有批评他，反而微笑着给他讲解，并分析了他试卷中的出错情况。最后，我语重心长地说：

"你分析对了一部分，但有些基础知识没有得分，老师相信以你的能力一定能掌握这些内容，加油！"他看着我，用力地点了点头。

从那天以后，他竟然奇迹般地变了，再也不是那个捣乱、惹人烦的小Q了，他变得遵守纪律，上课不再睡觉，不再讲小话。而我也总会适时地走到他身边拍拍他的肩膀，给予他充分的肯定，让他感受到我对他的关注。后来，小Q遇到我会微笑着和我打招呼，他母亲也打电话和我说小Q改变很多，在家不再乱发脾气，家长和他说的话他也能听得进去了。

反思小Q同学发生的变化，我感触很多。和小Q的沟通能够成功，主要源于两个方面：第一，找到合适的交流契机，动之以情，消除学生的戒备心理。爱是一种有效的教育手段，当教师用自己真诚的心去关心学生时，学生是能受到感化的。第二，发现学生的闪光点，多采用赏识教育。教师真诚的肯定，可以激发学生的内驱力，增强学生的自尊、自信，使其能够自觉主动地改正错误。沟通的艺术说到底是一种鼓励的艺术，是教师运用自己的智慧，使学生进入最佳学习状态的艺术。

【同伴点评】

阿基米德说：给我一个支点，我可以撬动地球。作为教师，我们该如何和那些"油盐不进"的学生进行沟通？刘老师和小Q同学的沟通给我们做出了示范。每个学生都是独一无二的个体，换个角度我们一定可以找到学生身上的闪光点。这些闪光点就是教师和学生沟通的支点。一手漂亮的钢笔字是"支点"，待人有礼、尊敬长辈的传统美德是"支点"，守时的优秀品质是"支点"，热爱劳动、甘于奉献的精神也是"支点"。只要我们跳出成绩的局限，就会发现"撬动"学生的支点其实有很多。

与学生进行沟通，除了要找到合适的"支点"，还需要把握合适的契机。为什么和同一个学生针对同样的问题进行沟通有时可以相谈甚欢，有时却话不投机？有时可以产生醍醐灌顶的效果，有时却是白费口舌、两败俱伤？这就是沟通契机和沟通方式的把握问题。契机可以像春雨一样"随风潜入夜，润物细无声"，也可以是"藏器于身，待时而动"。只要做个有心人，契机既可以等待也可以创造。而沟通的方式要根据沟通对象的性格特征因人而异，但是"三明治法则"确实是一种行之有效的沟通方法。

找到沟通的"支点",把握沟通的契机,当学生愿意把心门打开时,教师采取合适的沟通方式,这样可以最大限度地提高沟通效果。

——工作室主持人:王惠英

换个角度看学生

王盛霖

我和他第一次不愉快的交流是在一堂测验课后，因为在测验的时候他擅自转头和后桌的一个同学交流，我觉得他有作弊的嫌疑。课后我把他叫到办公室。

我说："你在考试的时候未经老师允许，擅自和同学讲话的行为可以视为作弊，你知道吗？"

他说："我没作弊，我只是向她借胶带。"

我说："考试借东西也是需要得到老师允许的。"

他说："我以前考试也和别人借东西，其他老师也没说我作弊。"

由于我们二人各持己见，无法达成一致，加之我只是他的科任老师，这次交流最终不欢而散。

在后来的某堂课上，当发现他在做其他科的作业时，我非常生气，但还是强忍住没有当场发火。下课后我马上找到他，希望他给我一个合理的解释。可让我万万没想到的是，他说："老师，您的物理我打算自学，请您上课不要管我，我保证不扰乱您的课堂。"当时有那么几秒钟我竟哑口无言。

按"剧情"的发展不应该是他向我道歉，然后我教育他一番吗？怎么这学生反而先将了我一军。关键是这个"您"字让我觉得相当刺耳，当时我也是年轻气盛，就说："行，如果将来你物理成绩不好，别让你的家长来找我！"他答应："可以。"从那以后，我上课就当班上没有这个学生，而他也一如既往地在我的课上做着其他事情。随后，我从他班主任那里得知这个学生习惯非常差，考试作弊，抽烟，带手机进校，顶撞老师，可谓劣迹斑斑。当时我心中居然有一丝得意，这样的学生最好是被学校开除。

有时候天意真的是让人捉摸不透，高二文理分班的时候，我居然看到他的名字出现在我的班级学生名单中。真是应了那句老话：不是冤家不聚头。但后来我仔细一想，我担心啥呀，遇上我这样的班主任，该担心的是他，看我怎么收拾他。开学第一天竞选班委时他居然成功竞选上了纪律委员。我百思不得其解，这样的人也有同学支持，怕是学校有史以来第一个不遵守纪律的纪律委员即将诞生在我班上。但是，按规矩他的得票数最多，我也不能强行一票否决。就这样，他连续担任了班上两年的纪律委员，当然，其间他也曾多次违反班级甚至学校纪律。

一次语文课上，他没有按要求完成作业，老师在课上点评作业的时候就点了他的名："我教了这么多年的书，从没见过像你这样的学生，上课不听，作业乱做。"他马上接了一句："那你现在见到了。"

语文老师是一个年轻的女老师，下课以后她是哭着进办公室的。我心中猜测他又惹事了，果然随后他就找到我说明了事情的经过。之后的流程自然是请家长，写检讨，公开向老师道歉。

有一次下午六点半听力训练时，班上有将近二十个学生没在教室。一打听我才知道他们去排练节目了，气得我火冒三丈。回来后我罚他们在走廊上站成一排，好好反思，其他同学都是低着头，大气都不敢喘。只有他这时候站出来对我说："老师，艺术节就要到了，咱们班的节目还没排练好。今天下午的排练是我组织的，和其他同学没关系。"那时候我似乎有些明白为什么他能竞选上班委了。

按照我的要求，其他同学回教室，他随我去办公室。在办公室里他平静地等待着我的怒火，似乎早就已经准备好了接受惩罚。但是我并没有责备他："你今天下午的做法虽然耽误了听力练习，但你也是为了咱们班能够在艺术节上大放异彩，我很期待那天你们在舞台上的精彩表演。"他显然没有想到我会这样说，于是连忙向我道歉："老班，我错了，我们会把今天的听力补上的。"我说："其实我非常感谢你，你当班委给我减轻了很多负担。但是我也希望你在做出决定之前先和我商量一下，或许我有更好的主意呢？"他答应:"好。"

从那以后,无论同学提出什么想法和计划,他都会主动来和我商量,询问我的意见。课上他也开始抬起头来听课了,有时候我会想这个学生还是不要被开除了,班上很多事还得指望他去办呢。

让我意外的是,高三上学期快结束的时候,他和其他几个班委又策划了一个活动,这个活动他事先并没有找我商量。但就是这件事让我毕生难忘和感动。

那天下午六点半,他和班长急匆匆地跑来找我:"老班,老班,出事啦,您快去班上看看!"我问:"怎么了?出什么事啦?"他说:"来不及解释了,快跟我们来!"当推开教室门的时候,我看到教室里一片喜气洋洋,大家脸上都挂满了笑容。黑板上用粉笔写着:"祝王老师生日快乐!"大屏幕上正在播放他们在一个月前就着手录制的祝福视频。视频的最后是"祝王老师生日快乐,我们爱你!"那时候我才意识到原来当天是自己的生日,虽然已经几年不过生日了,但当时明显感觉自己的眼眶湿润了。简单的几句感谢加祝福之后,他为我送上了一块蛋糕,当我正在犹豫之时,我的脸上已经被几个学生抹上了奶油……

只有在特定的环境中,我们才会惊喜地发现学生可爱的一面。而作为老师,不妨换个角度看学生,以尊重的眼光、赏识的态度、真诚的赞美,让不同的学生在各自的舞台演绎属于他们的精彩。

【同伴点评】

文章把年轻气盛的王老师和学生之间的交锋描写得淋漓尽致,真实、不掩饰、不做作,像极了我们年轻时候的经历。遇到不好管理的"刺头"学生,我们会希望他的劣迹最好变本加厉然后被学校开除,这样我们就省心了。只是这样做就违背了办学的初衷,而且很多教育中的感动其实都是这些看似顽劣不堪的学生带来的,就像文末眼眶湿润的王老师一样。所以,这样的记录每看一次都会有不同的收获。

王老师的经历,我想我们很多老师都经历过或者正在经历着。其实,正是那些所谓的"劣迹斑斑"的学生给我们上了一节名为"改变评价方式"的课。

初心如磐话成长
—— 来自一线教师的教育叙事

换个角度，给学生提供不一样的平台和施展空间，他们就能还给我们惊喜。教师发自内心地欣赏学生，学生就会把欣赏反作用于教师，从而形成和谐的师生关系，这是一个彼此给予智慧和动力的过程。就像"专攻"如何压制学生的王老师在学会倾听学生的心声和欣赏学生后，学生给予他的是一生难忘的感动。

是的，教育其实就是师生一起成长、感动彼此的过程。

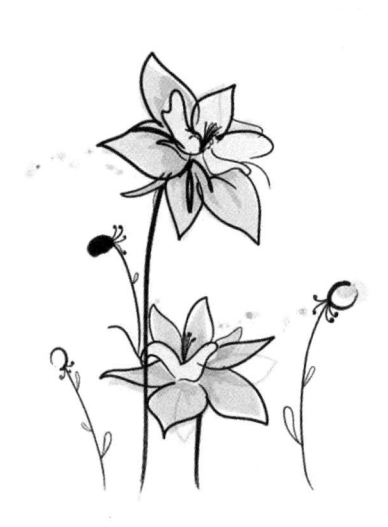

——工作室主持人：王惠英

不言之教，无声胜有声

赵买琴

子曰："其身正，不令而行；其身不正，虽令不从。"这句话肯定了身教的重要性。在班级管理和教育教学过程中，身教这种教育方式比批评、责骂与训斥效果好得多，能达到无声胜有声的教育境界。

记得我当班主任期间，有一天劳动委员委屈地跑来跟我诉苦："老师，我不想干了，叫不动人扫地，他们扫得一点都不认真，我们班卫生区经常被扣分。"我当时很生气，心想已经是高中生了，扫地这件小事都做不好！于是叫来值日生，一顿批评之后，喋喋不休地讲打扫卫生的要求。然而，第二天卫生区仍然被扣分。没办法，我每天放学后就盯着值日生扫地，但仍然随时能看到地上有垃圾，"说教"效果不明显。我很苦恼，于是向老教师请教，寻找解决问题的办法：尝试身先示范，用自己的行动引导学生的行动。

于是，我提起洗好的拖把，把教室拖干净，并对所有人宣布："这就是以后教室卫生的标准，不符合此标准的重新打扫。"我整理讲桌上的抹布、粉笔，捡起卫生区地面上的垃圾，并有意识地让学生看到我的行动。一段时间以后，我检查卫生时，目光扫到地面，值日生就会提着拖把走过来；当我盯着地上的一团纸时，旁边的同学会立马把它捡起来……班级卫生状况明显好转。

无意之中，我做到了"无声胜有声"的教育！

如何实现"无声胜有声"的教育？首先，要身先示范，用自己的行动引导学生的行动。身教是无声的，无声的教育更能深入学生的内心世界。在教育中，老师做了什么，往往比说了什么更重要。例如，教师关闭流水的水龙头、白天关闭灯，在行为上就起到了模范作用；教师在食堂吃饭不浪费食物，学生会看在眼里；教师仪容仪表规范整洁，学生会在无意之中模仿……想让学生成为什么样的人，教师自己首先就要成为什么样的人，这就是我们平常所说的"榜样的力量"。

其次，要学会倾听。学会倾听，再大的怨言都会被化解，心灵会得到治愈。学生需要的不是能事事帮其安排得井井有条的教师，而是一个会听、会爱的教师。当学生迟到时，教师让学生自己把原因说出来，在这过程中学生也许把改进的措施也讲了；教师如果在授课过程中留给学生思考和表述自己想法的时间，便能获得更多的信息反馈……教师尽可能少说一点，留出时间和空间让学生倾诉或反思，是教育行为转变的关键。"尽管，你是静静的，我的脑海却时时呈现你抑扬顿挫的演说，语重心长的教诲。"

最后，要学会控制情绪。教师应该走进学生的内心，用最好的状态去感染学生。当学生考试成绩不理想时，教师以关切询问的态度代替指责；当学生犯错、屡教不改时，教师让自己内心"等一等、缓一缓"，平复情绪后再来处理事情……教师的一个表情或一个手势，就能胜过千言万语。

著名教育家加里宁说过："教师良好的品行会在学生身上永远留下美丽的痕迹。"为了这美丽的痕迹多一些、深一些，我会加倍努力，用自己无声的行动、示范的行为，去影响学生，带动学生，吸引学生。

【同伴点评】

"不言之教"能起到"无声胜有声"的效果，这不就是我们追求的目标吗？我反思自己的教育言行，还真找出不少问题。

首先，课堂上我有很大一部分语言不但是无用的，而且对学生的学习造成了干扰。通过录像课可以看出，我反复用语言强调要讲的是重点内容，但从学生的表情上看其实并没引起他们多大关注；在学生读题过程中我所强调的审题注意事项，其实对他们来说是一种干扰；一堂课连续讲述15分钟以上，哪怕再优美的语言对学生也是一种听觉轰炸。以上情形都是在教学中我们常犯的错误，课堂留白、无声教育，我们真的做得不够。

其次，在课外的教育活动中"言传"多于"身教"。正如赵老师所说，喋喋不休的训斥非但不利于解决问题，还会引起学生的反感。特别是在班级管理方向，琐碎的事情较多，仅凭语言的教育就会显得苍白无力。汉代班固说："教者，效也。上为之，下效之。"身体力行，用行动引导学生，这样的教育最能打动人心，也是最入情、入理、入心的教育。

如何做好"不言之教"？可以是手指放于唇前的一个"安静"手势，可以是面带微笑的一个温暖表情，也可以是一个善意的眼神或威严的目光，还可以是面对情绪失控的学生时带着智慧和爱心的"冷处理"。宋代的李邦献说："教子弟无他术，使耳所闻者善言，目所见者善行。"教师职业与其他职业的一个最大不同点，就在于教师主要是用自己的思想、言行、常识，通过示范的方式直接影响学生，教师的知识水平、教学方式、工作态度、兴趣爱好，乃至一言一行、一举一动都会给学生带来直接或间接的影响。

对于"不言之教"，我们在管住自己的嘴的同时还要充分发挥"身教"的作用。

——工作室主持人：王惠英

中途接班，我这样处理学生的不配合

王惠英

故事发生在我中途接班高三刚两周时。

周二下午第一节课课前2分钟，我走进教室看到不少学生仍然处于半梦半醒之间，本来打算给同学们看一段小视频，可是电脑出了问题。我就让大家以小组为单位起立做"拍拍操"，没跟上拍子的就继续和下一组的同学再做一遍。上周二做过一次，目的就是唤醒大家并提高大家的注意力。轮到第三组做时，LR没起立，我问道："是身体不舒服吗？"她一脸不愉快地说："没有，我不想做。"这样的回答让我猝不及防，后面还坐着两个听课的实习生呢，学生这样公开抵触，我面子上多少有些难堪。三组的组员也站着不知如何是好，气氛尴尬了一瞬，我强作镇静地说道："虽然我不太接受你这样的方式，但不影响我的教学热情。同学们，我们继续吧。"在做完"拍拍操"以后我正常开展了教学活动，教学过程中我一直留意LR的表现。

下课走出教室，实习生ZHY说："LR这是怎么啦？不过这样的情形好像在教师资格证考试和各种面试中经常被问到，要不要请她到办公室来一下？"我说："确实是个典型的但又无法预见的突发事件，暂时先不找她。"那我该如何处理呢？

一、课上公开教师的态度——稳住班级的面

我在年轻时也经历和听闻过这样的突发事件。一般老师会采取和学生当场交锋的方式，结果是要么学生当面向老师认错，老师课后再做处理，当然也会

有老师得理不饶人把一节课的时间耗在上面；要么学生据理力争，老师气急败坏之下请学生出去或者交给班主任处理，其他学生此时就是这场突发事件的观众。我曾经在和学生理论后气急败坏地回到办公室，当事学生迫于压力来给我道歉，我才继续回到教室上课。现在审视过去的处理方式，我才发现当初自己的任性以及教师职责的缺失，为了一个学生或一件小事耽误了一个班，这种处理方式是不恰当的。合适的处理方法应该是只要当事学生的言行没有影响后续的教学，教师就应该把教学任务继续执行下去。所以，我说不影响我的教学热情，其实是在暗示自己和学生，不能因为这样的小插曲而置其他学生和教学任务于不顾。

二、课后持续私下关注——关心个体的点

下课后我没有立即请LR到办公室，我想让彼此稍微冷静一下。我先向教了她两年的科任老师了解情况，在听说她平时没有什么异常表现时，我稍稍放心一点，因为到了高三，我会特别关注学生的心理问题。放学时我和几名留在教室布置考场的男生聊起下午第一节课发生的事，他们说之前没看见LR有什么过激的言行。晚自习时我又私下向科代表了解LR的性格以及下午后两节课上她的表现，科代表说，一切正常，可能只是她今天心情不好，也可能是下午第一节课午觉没睡醒，发"瞌睡气"呢。在默默做完以上工作以后，我拿着《见字如面》走进教室递给LR，然后笑着说："我想和你做个书面交流，你想说什么都可以，可以提意见、提要求，大胆吐槽，把我当树洞好了。"她接过本子，露出了不好意思的笑容。

周三，我在等她的本子，没有。周四，我在等她的本子，还是没有。周五上完课时，她把本子递给我了。我问道："怎么拖到今天呢？"她说："前天不是考试嘛，昨天我没见到您。"我说："其实你可以放我桌子上，我一来就能看见，我一直在等呢。"

走进办公室我迫不及待地打开本子。首先，她说了对我的印象，总体是好的，但她对新老师有种莫名的排斥，在课堂上我讲得很细致，可是有些内容和之前老师在高一、高二讲的不一致，让她听起来有点晕，还有她不喜欢做游戏。然后，她说了自己的性格，直来直去，好恶会直言不讳，因此得罪了不少

人。她说自己经常控制不住情绪，最近她的舍友也是"受害者"。她说了一件事：本来跟舍友约好几点去吃早点、几点到教室，可舍友却在起床时磨蹭，结果她就发火了。她说她的火来得快，去得也快。除此之外，她还谈到自己在学习上总是三分钟热度，总是不能坚持下去，她对自己这方面非常不满意。最后，她看似轻描淡写地说道："老师，请原谅我有时不能很好地控制自己。"

拿到她的本子时刚好是周末，我想我需要认真考虑该怎样跟她交流。最终在交流方式上我采用了"三明治法则"：首先，接纳她的表现和反应，包括她对新老师在心理上的排斥和教学方法的不适应。我说恋旧是一种很正常的情感，但学会适应是一种能力。如果对新老师有抵触，那可能是新老师的方式和风格让你一时半会儿无法接受。师生在教学方法上需要一段时间的适应，毕竟两年的习惯和两周的改变会有些冲突。但是，距离高三只有两百多天，在相互适应上我们都要努力，这不是你一个人的责任，老师也有责任。其次，本次交流的主体部分是强调规则意识，提出调控情绪的建议。我说在一个团队里我们要有团队意识和规则意识，以后的下午第一节课我仍然会采取一些辅助措施帮助大家尽快进入学习状态，我会不断创新，但游戏还会做，如果你实在不想做请给我一个眼神或者微笑，我就会意了，那样我就好安排游戏的开展，但是课堂上的规则不能破坏。最后，让她看到希望和引导的部分。我说我们两个是性格截然不同的人，但不影响我喜欢和她交流，因为她的直言让我很容易就了解到她的观点。我说无论哪种性格的人都有自己的优点，只要我们不以性格为借口纵容自己的任性就好。对于她说的有时很暴躁和控制不了自己的情绪，我的回复是：情绪变化是有周期性的，认识到它的规律，有意识地进行干预和调节，如阅读课外书、主动和老师交流等。我们不能做情绪的奴隶，要争取做情绪的主人。控制情绪最简单有效的办法是冷静，再冷静。学一学急话慢说，急事缓办，但是有些事情必须自己经历后才知道应该怎么做。别急，慢慢体会。而学习上不能持久的主要原因是目标不明确，缺少切实可行的计划和措施，以及外界的激励。于是，我们面对面制订了近期计划。

三、事后反思教育行为——立足育人的根

师生的初见应该是一场美好遇见。本以为"初见效应"可以延续一段时间，没想到两周就"翻车"了。尽管我对这次中途接班很用心，连开学第一课的开场白都经过反复琢磨，还专门给每个学生准备了一枚"高三加油"的励志书签放在化学教材里，本以为课前准备的游戏活动能被尚处于午睡蒙眬状态的学生接受，但是我忽略了"恋旧斥新"也是一种正常的情感表现。也许学生排斥的是新老师而不是新老师的教学行为和教学内容，也许学生的情绪表现是对教师关注学生个体的一种诉求。只是当学生的抵触行为在课堂上发生时，作为教师，首先考虑的是在当事学生没有过激言行的前提下照顾好学生整体，牢记教学任务。而课后对学生个体短暂的冷处理其实是在教师默默关注的前提下，让师生双方冷静下来并回归理性。

和当事学生的交流可以采取书面形式，通过搭建平等的交流平台让彼此在冷静的状态下进行对话。交流中有教师对学生的接纳，如性格、脾气；有包容，如学生在课堂上的不理智言行和对老师的不尊重；有明确的观点立场和期待，如必须树立规则意识以及情绪是可以调控的；有方法的指导，如目标的树立和措施的制定。

中途接班时，学生不配合或抵触的情形非常普遍。作为教师，我们要做好准备，向班主任、前任教师、学生代表了解班级学生的共性和个性。教师在遇到突发事件时，一定要冷静，在稳住"面"的前提下急事缓办，事后对自己进行理性的审视和反思，既不要因为中途接班而目空一切，也不要因为个别学生的不配合而妄自菲薄。课堂突发事件，无论对学生还是对教师，都是一次成长的契机。同时，一次突发事件，就是一面镜子，不仅能照出教师的教育机智，在事件的后续处理中还会折射出教师如何对学生进行人格塑造。

【同伴点评】

看完王老师与LR的事情后，让我感触最深的一点就是"成为情绪的主人"。回想刚工作时，我年轻气盛、事事追求完美，在课堂上多次花费大量时间批评某几个学生，甚至曾经和一名"刺头"学生在课堂上气急败坏地争论。

当时我觉得终于把批改作业过程中积累的压抑情绪发泄出来了，实在是太解气了。之后回想起来，其实大多数被迫"观战"的同学真的是无辜的，当这种占据课堂时间的批评次数多了以后，旁观者的情绪也渐渐从感同身受变成了麻木，甚至最后厌恶这个老师、厌恶这门学科。

　　还好，我醒悟得不算太晚。情绪失控往往是因为我们太想反驳某人，太想阻碍某事，从而变得不耐烦，像火药般一点就爆。特别是负面情绪，犹如猛兽影响着我们的行动力和判断力。我们要学会就事论事，不迁怒于人，明白解决问题才是初衷和最终目的，做到对事坚持、对人温和，用积极的姿态争取事半功倍的效果。

——工作室成员：赵丽赟

班级管理中那些值得坚持的小举措

王惠英

各位亲爱的班主任，在你的班级管理中有没有这样一些小举动？它们不是名师大家的主张，也谈不上创新改革的课题，它们也许就是你某天的突发奇想或者是来自外界的一个启示，然后你就开始去实施并在不知不觉中坚持了下来。

一、初见时的小心思

又是一届新生入学，师生都很期待开学第一次见面。开学当天我提前进入教室把黑板布置好，写上报到的具体安排，其中第一条是打扫卫生。随着学生陆续到来，我提醒他们关注黑板提示，然后我边观察边在不同的学生的衣袖上贴便签条。提前到教室的学生，我在他们衣袖上贴了一个蓝色的便签条；进教室后就开始主动扫地、擦桌子、拖地的同学，我在他们衣袖上贴了一个绿色的便签条。在这个过程中，有一部分同学一直站在走廊以旁观者的身份观望。在教室卫生打扫好后是安排座位，首先，我让同学们都到走廊上并对他们说："有两个便签条的同学请先进教室，选你们喜欢的座位坐，因为你们有时间观念，来了以后又主动打扫卫生，有主人翁态度，你们是教室的主人。"然后，我对有一个便签条的同学说："你们当中有的提前到了，有时间观念，这是好习惯，但是你们以客人的身份观望，没有主动打扫教室；有的同学来了就打扫卫生，但不守时。所以，你们是第二批进入教室选座位的。"最后，我对剩下的同学说："现在你们明白为什么让你们最后进教室选座位了吧？"

我这样做的目的是在开学第一天向学生传递守时、主动为班级服务的思想，把劳动教育渗透在开学的第一天。

二、黑板布置的小花样

开学第一天除了学校组织的开学典礼，我的教室布置也必须发挥其应有的功能，毕竟学生首先要进入教室。我在教室门口的墙上贴上对联，学生进门时映入眼帘的是：进门之时想一想，今天我要干什么？出门时跃然眼前的是：出门之前问一问，今天我有什么收获？当然最主要的是发挥黑板的功能，而黑板内容的设计也不是千篇一律的，各学期有不同的主题。高一新入学时的黑板布置，其中一块是"高一（2）班欢迎你！"另外一块是入学待办事项和具体流程。高一下学期开学时的黑板布置，其中一块是"欢迎回家！"另一块是本学期将要参加学业水平测试的科目、社会实践的时间节点等。

高二上学期开学文理分班时，其中一块黑板上写道：终于等到你，学理科的童鞋！另一块写道：新学期，从心开始、重新开始！高二下学期开学时，学生已完成所有学业水平考试，其中一块黑板写道：我的高中生活已过半，如果头开得不好，那必须来个漂亮的结尾！另一块则是本学期的重要时间节点预告，包括进入各轮复习的时间、市统测的时间以及社会实践的时间等。

高三上学期一般在八月底开学，此时学生对自己的身份多了一份认同感。开学第一天的黑板布置，其中一块是"离我收到大学通知书还有一年！"另一块则是重要时间节点的安排，如听力考试、月考安排等。高三下学期开学第一天的黑板布置，其中一块是醒目的倒计时，另一块是重要时间节点的安排，如百日誓师、省市统测、听力考试、体育考试、体检等重要事项。每学期开学日黑板布置的目的除了体现仪式感外，还有发挥传递、唤醒、激励等作用。

三、学生生日的小惊喜

在学生生日的当天为其送上祝福的小卡片，看似是平常的举动，但如果是为每一名学生，而且是一届又一届的坚持，这样的举动便不寻常了。当我宣布今天是某同学的生日，并为其亲手送上祝福卡片，全班掌声响起时，不难看到学生眼中的惊喜。当然，如果去年这样做了，今年还这样做，学生还会惊喜吗？那就从内容上变化一下：一是换卡片，精心挑选国内或国外大学的卡片；

二是在祝福语上下功夫，针对学生写上你最想对他说的话。你可以看到学生小心翼翼接过卡片后迫不及待去看的样子，作为老师，你也很享受这样的场景。此外，为避免忘记学生的生日，我安排了一名仪式提醒员，我把全班同学的出生日期打印给她，她则负责在前一天悄悄地提醒我第二天是谁的生日。多年以后，我的手机上依旧保留着仪式提醒员给我发的一条条提醒信息。我坚持为一批又一批的学生送上生日贺卡，传递温暖并分享孩子的成长。

四、抓拍到的小瞬间

对于学生来说，中学阶段所经历的一切都是美好的，很有记录的必要。现在学校不允许学生带手机，所以为学生记录的任务就落到班主任身上了。我喜欢随手拍下孩子们的点滴，有专心学习的模样，有球场上英姿飒爽的身影，有讲台上挥洒自如的演讲，有开怀大笑的瞬间，也有调皮的打闹。我把这些照片冲洗出来，在孩子们不知不觉时张贴在照片墙上。当学生围着照片墙意外地看到自己时，我也在和他们一起享受成长的快乐。我就这样记录着学生学习生活的点滴，让他们感受如诗一样的青春。

没有大张旗鼓的宣传，没有高深理论的支撑，就是这样一些班级管理中小小的举动，陪伴着一届又一届的学生，也在温暖着一年又一年的自己。

【同伴点评】

从学生跨入高中教室的那一刻起，评价已经潜移默化地开始了。由于对班级学生还不甚了解，面对排座位的难题，王老师采用了看似自由选择实则予以条件限制的方法，这个条件便是时间观念和劳动意识。王老师让学生意识到"习惯赢得未来，细节决定成败"，这是她给学生上的开学第一课。教室环境的布置，看似细微，王老师却也做到了极致，进出门有对联提示，即进门学习，出门反思；黑板上有目标和方向，有重要时间节点提示；生日祝福是意料之中，又是预期之外；照片墙记录抓拍到的精彩小瞬间。班主任工作事无巨细，这些班级管理小举措都值得学习和借鉴。

班级管理无大事，育人就在细节中。对于这些小举措，其实学生是乐在其中的。王老师并没有耳提面命地告诉学生应该怎么做，而是通过言传身教，步步引导。学生看见后会感悟，会跟着班主任的引导走，有了这样的示范，他们便有了前进的方向。以后的日子里，学生无论在踏进哪间教室之前，可能都会想起当年手袖上的"便签贴"，从而提醒自己以主人翁的身份按时出现；在大学的每个开学日，他们还会期待黑板上准时出现的"开学宣告语"和各时间节点的安排；在每一个生日，他们也一定会想起高中时全班同学的祝福，还有班主任亲手送上的生日卡片。当然，行走在校园里时，他们肯定也会多留意自己的言行，说不准又会被抓拍呢！

那些看似班级管理中的小举措，对学生产生的可能是一辈子的大影响。

——工作室成员：武俊余

新手"后妈"管班记

王兴萍

担任完一届毕业班班主任的我，卸下重担来到高二年级。看着班主任们忙碌而幸福的身影，我的心里五味杂陈。然而，就在高二下学期开学大会上宣布我再次担任班主任时，我的心止不住地狂跳，和上届学生斗智斗勇的一幕幕画面在脑海里闪现，我赶忙甩甩头把自己拉回现实。"后妈"要怎样才能赢得学生的心呢？这是我一直在思考的问题。

一、从猫咪搬家谈适应

对于中途接班主任，我和学生都没做好心理准备，怎样才能减少"后妈"的陌生感呢？大概只有彼此积极适应吧。于是在开学第一课，除了完成学校交代的任务外，我给同学们讲了一个小故事：开学前我刚搬了家，和我一起住进新家的还有我的两只胖橘——毛线和球球。刚到新家的第一天，两只猫咪表现得很不一样，毛线从进门就开始到处嗅嗅、看看，这里逛逛、那里蹿出，让我不得不感慨猫咪的好奇心。球球显得有些害怕，一到家就开始四处逃窜并伴着凄惨的叫唤声，最后躲到了窗帘后面，把自己很好地隐藏起来。就这样过了两三天，毛线已经知道在哪里吃饭、在哪里睡觉、在哪里晒太阳最舒服，过得十分自在；而球球每天还是叫唤，一听到开门声就立马跑到窗帘后面躲起来，整天战战兢兢，风声鹤唳。从这两只猫咪身上我看到了适应对于自身的重要性。当然，球球总有一天会适应新家，可在它适应之前，每天还是过得很煎熬。所以，面对新的环境、新的同伴、新的任务，要想让自己尽快适应，就得勇敢地迈出第一步，主动接受。

二、从日常问题求良策

由于前班主任对班级管理很细致也很到位，因此开学第一周，我未对班级各项事宜做出调整，只是强调了常规要求。到了第二周，同学们看我好像也没有"新官上任三把火"的势头，慢慢地，一些小问题暴露出来了。先是一两个同学迟到，接着是一个寝室的同学迟到，然后就是早自习跟读结束后站起来讲话。我想不能再放任下去了，所以打算借着周一的班会课，让同学们自己发现问题，自己解决问题。班会课一开始，我首先点了几个同学，让他们说说上周班级存在的问题，他们纷纷说迟到、上课睡觉等。而他们中就有平常迟到、睡觉的同学，所以当说出问题时，班上同学都在笑，我也跟着笑，夸他们真是"火眼金睛"，发现了问题所在。当我把这些问题写在黑板上，问他们该怎么办时，他们似乎有点懵。我接着说："我经验不足，想不出惩罚你们的措施，而且我觉得我应该是把主要精力放在怎么提高你们的成绩上，而不是整天想怎么收拾你们。所以，今天我要让你们自己来想措施。"随后，我让同学们把自己的措施写在纸条上，收集上来，以后每当有同学犯错，就来抽签，按抽到的签惩罚。为了避免有些同学恶搞，我们把收集上来的措施一条条在班上念，并让同学们举手表决，半数通过才能作为有效签。这样一番操作下来，有效签只有五六个。后来我向同学们再次征集措施，这一次的有效签更多了。自从班上实行抽签后，同学们热情高涨，每当有同学犯错时，其他同学都会督促着他抽签，抽到签的同学有高兴的（很好地完成了签上的任务），也有懊恼的，但目前为止还没有生气不遵守的。

三、从公值迟到话处罚

宿舍是学生的第二个家。宿舍楼的干净舒适，离不开辛勤的宿管阿姨们，也离不开认真打扫的住校生们。6班47个同学中有28个是住校生，分散在不同的寝室。每层楼每天都会有一个寝室的同学做公值。据我了解，公值时，很多寝室的同学都是等大部分学生走完后才开始打扫，这样一来早上7：30进班就有些困难，我也就默许他们迟到。但我没想到，这种默许竟会让他们"得寸进尺"。

第二周星期四早自习7：30我去教室查学生出勤，有一个男生宿舍的同学未到，我问了旁边同学才知道那天轮到他们公值。7：40，这几个同学还是没到。班上有个同学是楼长，他踩着铃声跑到教室，我向他询问才知道，那几个同学因为起晚了，现在还在打扫。公值竟然成了他们睡懒觉的幌子！等他们到教室的时候早读已经过了15分钟，这种情况不罚就会有人效仿，但怎么罚才能服众呢？那就"缺啥补啥"吧！开学第二周，课间操还未正常进行，第三节课下课后有25分钟的休息时间。于是我在第三节课下课铃响的第一时间赶到教室，堵住那几个迟到的同学，让他们带上英语书跟我到办公室来。到了办公室我先发制人，表明我已经知道他们几个是因为起晚了才迟到的。接着我告诉他们，我也不想惩罚他们，但是晚起导致早读浪费了15分钟是非常不应该的，所以在这段休息时间里，让他们把那15分钟补回来。于是在英语老师的帮助下，几个大男生在办公室里跟着录音大声读起了单词。

"后妈"的路还很长，我还有很多需要学习和改进的方面。庆幸我和学生在彼此最美的年纪相遇，一起成长，愿以后回忆起来，我们都能笑容满面！

【同伴点评】

一个20多岁的年轻老师中途接班，把这"后妈"当得尽职尽责。开学第一课上，相信学生都还沉浸在猫咪的故事情节中，一个"适应"的话题在不知不觉中已经开始。故事结束，积极适应的重要性也已经凸显。相信好多年后，学生还会惦记着老师的那两只猫，顺便把适应的重要性向他人讲述。我想到了那本儿童读物《小故事大道理》，这就是教育智慧。

小王老师的治班策略非常值得借鉴。首先，小王老师把自己放在一个很低的位置——"自己经验不足"。年轻又谦逊的她为学生营造了民主的氛围，在这样的氛围中学生才能客观评价自己，同时找出班级存在的问题，继而列举出违纪的应对措施，这样讨论出来的班规再通过"抽签"的形式来操作，没有冷冰冰的三令五申，有的只是带着温度的约束。对于后续因为公值迟到的处理方法，小王老师并没有把处罚学生当作目的，而是立足于纠偏和补充，让学生"缺啥补啥"，这样的"后妈"学生又怎么会不喜欢呢？

——工作室主持人：王惠英

新班主任的五味旅程

姚惠芝

时光染红了樱桃,看着高考倒计时一天天减小的数字,我回想起九个月前接手高三(1)班班主任时的忐忑,回味着和(1)班的这群孩子们朝夕相处的这200多天,苦辣酸咸甜的感慨涌上心头。

一、苦

去年8月,我以新班主任的身份走进高三(1)班,上任第一天打扫卫生时,我就感受到了新接班的苦楚。受魏书生老师"人人都应做班级主人"的影响,我把卫生区分块划分给每一个孩子。我把划分的区域和职责展示出来,引发学生一阵骚乱。

打扫开始后,我把自己负责的区域收拾好后,开始检查孩子们的打扫情况,发现有的孩子在擦窗子时只擦玻璃,对窗台槽里卡满的灰尘视而不见;有的孩子清扫地面,地板上口香糖的痕迹散落"东西南北";高个男孩子擦拭电灯,电灯底部亮堂堂,电灯顶部"尘飞扬"……我对照名单,找到责任人,指出不足,亲自示范,要求他们整改。我感受到了他们的不耐烦。

后来,当我让劳动委员把班级里有6岁小孩高的、散发浓郁杂味的垃圾桶撤出教室时,一个男同学咄咄逼人的话语冲进耳膜:"老师,这个垃圾桶是我们高二快结束时花大价钱买的,用了还不到一个月,不能扔。""老师,您对打扫卫生的要求太严苛了,我们以前打扫,只要看上去干净就可以了!我觉得没有必要向您那样死抠!"在场的同学顿时怔住了,用复杂的表情看着我。我笑了笑，依然坚定地把那个"花了大价钱"的垃圾桶撤出了教室。

晚上回家，躺在床上，想着白天在班级里男同学的"质问"，我辗转反侧。我强烈地感受到同学们对我这个新来的班主任有想法，中途接班，我不能让他们以"后妈"的身份来审视我。我拿出手机在知乎和百度上搜索"中途接班的困惑"，我知道，在接下来的日子里，这种苦我还要独自饱尝很久！

二、辣

在新接班的那一个月里，我每周选择两天在早晨7：00以前进教室，尽量待到晚上6：30以后再离校。在我与孩子们长时间的"亲密"相处中，部分孩子火辣辣的眼光让我感受到来自他们的敌意——他们不喜欢我随时出现在教室里。这种敌意让我感到有些酸楚，但我依然坚定地打入"敌人内部"。

渐渐地，我发现一部分孩子没有高三学生该有的紧迫感。为了增强孩子们的自律意识，我开始引导他们制定每周、每日学习规划。我购买了统一的本子，要求孩子们每天记录自己的计划内容和完成情况，并且每天上交。部分孩子的本子里极少的记录内容和敷衍的形式让我感受到他们和我的对抗，我开始找这些孩子交流。有孩子说："老师，我们有自己的规划，我觉得没有必要写下来！"有孩子说："老师，我觉得每天写这个东西是浪费时间！"有孩子直言不讳："老师，我觉得你这个方法对我不适用！"听着孩子们火辣辣的语言，我的心也火辣辣的！但是，我没有放任他们，依然坚持每天必收、必阅。我开始尝试让通过这个举措得到收获的孩子在班里分享经验。慢慢地，越来越多的孩子在本子里表达自己的喜怒哀乐、伤感失意。尽管仍有孩子把这个本子当作累赘，尽管这群孩子火辣得让我着急上火，但这个本子让我对（1）班这群个性鲜明、充满辣味的孩子们的生活和学习状态有了更深的了解。这辣味，拉近了我与（1）班孩子的距离。

三、酸

随着和孩子们相处时间的增加，我对（1）班孩子的了解越来越深入。他们把不便和我当面说的话写在了这个本子里。

有一个女孩父母离异，家离学校只有几百米却坚决要求住校。她在本子里说："老师，我讨厌回家，不想见到家人，我也讨厌学习，但我就想一直待在学校里。"

另一个女孩，经常不吃早餐，一个包子或馒头就打发了午饭、晚饭。她家住安宁，但寒冷的周末却坚持留校不回家，因为继母独揽家中大权，不待见她。

还有一个男孩，因为难以承受父亲早逝、母亲年老、哥哥只知道啃老而无所事事的家境而厌世。他在本子里说："老师，我高二时有过好几次不想活下去的念头，您那天问我手腕上面的刀痕时，我谎称是为了醒瞌睡划自己，其实是高二时留下的……"

一个女孩，因目睹母亲两次失败的婚姻而在本子里透露出"努力没有意义""上个好大学没有意义"之类的思想，与她交流时她的话语更让我心惊。她说："老师，您理解错了，我不是说上学、工作没有意义，我是觉得活着就没有意义。我觉得，等我把我妈妈养老到入土，我就可以去死了。"

深入（1）班孩子的内心，他们的辛酸经历让我心酸。家庭因素让孩子的心灵受伤，我通过短信、电话或当面交流与家长多次沟通，取得了一定的成效。在倾听、疏导时，我曾数次落下酸楚的泪。"路遥知马力，日久见人心"，我的真诚打动了孩子们，慢慢地，我和孩子们的隔阂开始瓦解，我能感觉到我们的心越靠越近。

雅思贝尔斯在《教育是什么》中说："教育意味着一棵树摇动另一棵树，一朵云推动另一朵云，一个灵魂唤醒另一个灵魂。"我希望他们的酸味人生能因我的"摇动"而驱散阴霾。

四、咸

时间一天天流逝，绝大部分孩子进入了高三应有的状态，从师附月考到三次联考，再到昆明市一测，孩子们的成绩稳步提升。我知道，这凝结着六位老师的心血和孩子们辛勤的汗水。我凝视着在教室里刻苦学习的孩子们，我享受着辛勤付出的汗水后氤氲着的咸味。虽然，在新学期开始的第一次省统测中孩子们由于种种原因发挥失利，但在各科老师和同学们的迅速调整下，在市二测中我们又站回到属于我们的位置上。我知道，高三（1）班不能没有咸味，我喜欢这种咸味！

五、甜

草长莺飞的季节，我们在浪漫的樱花下留下一张张青春的笑脸。我看着这一张张熟悉的笑脸，回想着从秋季开始的一次次集体生日会上，你们许愿时的面庞；回想着运动会时，寒冷冬日里你们一起奋力拼搏的健影；看着教室门口一张张体现你们成长历程的成长榜，脑子里放映着这200多天里你们逐渐成长的画面，甜蜜的幸福感涌上心头！

时光啊，你黄了银杏，白了草坪，红了樱桃，绿了芭蕉。看着你们一张张青春的笑脸，我这个新来的班主任陪你们度过了春夏秋冬，在即将分离的季节，所有的苦辣酸甜咸慢慢融合，汇成了我们的成长史。愿羽翼渐丰的你们，如展翅的鲲鹏，借着六月的风，"水击三千里"，扶摇直上，在九万里的高空品甜味人生！

【同伴点评】

读完姚老师的文章，感触最深的有这么几个细节："我把自己负责的区域收拾好""拿出手机在知乎和百度上搜索'中途接班的困惑'""老师，我觉得你这个方法对我不适用""老师，您理解错了，我不是说上学、工作没有意义，我是觉得活着就没有意义""在倾听、疏导时，我曾数次落下酸楚的泪"。读着这些文字，一位负责、好学、民主，内心柔软、善良的教师形象跃然眼前。

中途接班的班主任注定是要被学生明里暗里和"前任"做比较的。面对学生的抵触情绪，姚老师采取的是身体力行的示范，她用内心深处的柔软来打动一颗颗戒备之心。学生有各自负责的卫生区，作为班主任的她也给自己划分任务；白天在学校"吃力不讨好"，晚上她就在网上搜索中途接班的经验，不断学习借鉴；学生公开质疑她的方法，她也着急上火，但是她却坚持和学生进行沟通交流，直至一个个学生打开心门，向她诉说她不曾听闻的一切。最终，她的隐忍和坚守换来了学生的羽翼渐丰。

苏霍姆林斯基曾这样评价教师工作："要记住，你不仅是教课的教师，也是学生的教育者、生活的导师和道德的引路人。"姚老师用自己的言行完整地诠释了这句话。

——工作室主持人：王惠英

给新班主任的建议

王惠英

之前我看到一篇文章《老班VS新手》，内容是著名班主任于洁老师跟自己刚当班主任的儿子的教育对话。于是我就想：如果我的孩子或者亲朋好友的孩子也刚刚当班主任，假如他们需要，我会给他们一些什么样的建议？如何帮助他们规划自己的班主任生涯？我想那就从班主任需要经历的三个阶段做起吧。

一、用心模仿，学会借鉴

首先是借鉴直接经验。借鉴直接经验就是向身边的班主任学习，如何学习？一看二听三咨询。一是看他们如何处理违纪学生，看他们如何跟同班教师配合，看他们的教室布置，看他们如何召开主题班会，看他们在集体活动中扮演什么角色，看他们怎样跟家长沟通，以及看他们处理班务的成功和失败的方法；二是听学生对他们的评价，听家长对他们的评价，听领导对他们的评价，听别人对他们的赞誉和批评；三是工作中遇到困惑时积极咨询，不知如何处理问题学生时可以咨询，不知如何与不配合的家长交流时可以咨询，不知如何协调班级活动与学校要求时也可以咨询，总之，只要你好问，总会有人答。

其次是借鉴间接经验。借鉴间接经验就是通过书本、媒体进行学习。要让自己的教育实践走向科学，就要坚持不懈地阅读。向名师学习是成长的捷径，如向苏霍姆林斯基、魏书生、李镇西、于洁、田丽霞、钟杰等名师大家学习他们的管理经验。在文字的阅读中你如果被某一措施或风格吸引，那就尝试去实践吧；也可以通过《班主任之友》《班主任》《人民教育》《教师博览》等杂志，在阅读中你会找到困扰自己很久的问题的答案。总之，如果你读到好的文章，就去关注一下相关的公众号。多阅读，为你的班主任工作打好基础；多写作，为你的班主任工作做好记录。

二、形成风格，不断完善

风格，也许就是大家都认可，但你用自己的方式把它坚持下来并不断完善的行为和观念。捕捉每个有意义的日子并赋予它仪式感，这也是风格。开学的仪式感，就是把学前教育设计为带着温度的开学第一课，如黑板上的"开学了，欢迎回家""新学期，从心开始、重新开始""我的假期生活分享"；放假也需要仪式感，如黑板上的"欢迎家长一起分享成长点滴"、自动播放的"成长瞬间"（抓拍的孩子们的照片）、PPT播放的"猜猜看，谁家的孩子"。如果你不是心血来潮而是一直坚持下去，那"有仪式感"就是你的风格；在每个学生的生日送上你的祝福卡片，那"有温度"就是你的风格；和每个学生坚持书面交流，那"善沟通"就是你的风格。每个假期专门设计的"假期计划执行打卡"可以是你的风格，为了让学生过一种有计划的学习生活而执行的"晨思暮省"可以是你的风格，为每一件班务设置一位管理员的精细化管理可以是你的风格，课间总是悄无声息地走进教室也可以是你的风格。

当然，别人驾轻就熟的措施，在你的班上可能难以实施，如有的班主任对学生很严厉，但学生仍然很愿意亲近他；有的班主任很温柔，但学生却很服他管。各人的气场不同，管理的风格也就不同。教师要结合自己的特质和所面对的学生的特点摸索属于自己的管理风格。如果你感觉良好，学生乐于接纳，那就不断完善并坚持下去吧。当了几十年的班主任，总得形成自己的风格。

三、反思整理，创建品牌

每学期的班主任工作总结算是反思整理，只是这多少有点被动。一件事情，如果你发自内心主动去做或者习惯性地去做，少了敷衍和仓促，多了思考和从容，这样会更理性、更有价值。如果你能把反思及时整理成文，十年之后，你就会与众不同。毕竟在这个"酒香也怕巷子深"的年代，你需要把反思写出来宣传，或者接受考验，或者接受质疑。其实，想法大家都有，就是懒得动手写。于是，很多时候看到别人的文字就像反映自己的心声一样，除了产生共鸣，应该还有点遗憾——为什么写下这些文字的不是自己呢？有时候灵感真的只能用"乍现"来形容，不及时记录，错过了就不在了。所以，你要准备个随身携带的小本子或者养成在手机备忘录上记录的习惯。哪怕只是一句话或者是一个标题，也会成为日后写作的素材。哪怕一学期只写了一篇，十年后的20篇也算对自己的一个交代。毕竟优秀的班主任不但要能做能说，还要能读能写。有时候想想自己当了十多年的班主任却没留下太多的文字记录，还是挺失落的。

不得不说的是，要建立自己的班级品牌，你就要耐得住性子，学会接受外界的质疑。毕竟很多时候，外界看到的只是表象，也许是一次成绩的不如意，也许是一次违规学生名单中有你的学生。内在方面，如学生的心理健康，学生在班级中的存在感，对学生人生观、价值观的塑造，等等，可能很难在你接手的三年中充分体现出来，因为你播下的那颗种子也许会在学生离开校园多年后才慢慢萌芽。但这又有什么关系呢？因为你就是那向上、向善的播种者。只是在面对各种外界因素的干扰时，你得学会坚持，不忘教育初心。

【同伴点评】

有人说：没当过班主任就不算真正当过老师。我想当班主任但又有很多担忧，担忧年轻的自己初为人师，有许多不该为而又不得不为之事。而怎样把为与不为清晰准确地标识清楚呢？看了王老师给新班主任的建议，我似乎多了一点点底气。

王老师介绍了成为优秀班主任需要经历的三个阶段。于我而言，我会有很长一段时间处于模仿学习阶段。刚刚走出象牙塔的时候，我们是带着很多美好的职业愿景走上讲台的，我们有既定的理论认知，我们有传道、授业、解惑的责任。我们读书时最伟大的志向是为中华之崛起而读书，作为老师时最伟大的志向或许就是为中华之崛起而育人。美好的愿景、高远的志向都是我们初为人师时所拥有的，从师范生到老师最大的挑战就是教师职业化的转变，我们将面对学生、家长、同事、领导，纯粹的治学是不能马上实现的，所以作为新班主任的我们要选择学习、模仿，少一些傲气，多一些观察，让我们在角色转变过程中少一些阻力，更加潜心地治学。第二、三阶段则是循序渐进的过程，是水到渠成的结果。

——工作室成员：王正泉

班主任，你"慧忙"吗？

王惠英

我喜欢当班主任，因为有更多的机会走到学生身边，走进学生心里，也更容易产生职业认同感。我怕当班主任，因为几十个学生，几十种脾气性格，我怕评比中的难统一、不优秀；我怕在处理班级琐事的过程中自己离心目中的"心灵塑造者"角色越来越远，离保姆形象越来越近。在这样的矛盾情结中，我一直在探索如何做一位"慧忙"的班主任。慧，其本义是聪明，有才智。言下之意就是，我们作为班主任要忙得聪明，要有智慧地忙。

一、具体有效的班级分工，让你繁而不忙

周末下午离开办公室之前，到教室检查一遍，看看门窗，检查电源；每个课间在教室巡视一圈，看看谁的桌子下面有垃圾，谁有无不文明行为；每天早、中、晚自习查迟到，抓考勤；每周不定时查看学生的"晨思暮省"记录本，统计学生每周和教师的交流打卡；安排教室布置，应对各种检查和突发状况。这些就是班主任的日常工作。班主任如果事必躬亲，那么就是有三头六臂也会有疏漏，怎么办呢？那就把学生自主化管理落实下去，让班上"人人有事做，事事有人管"。在班委讨论后经过一个月的试行和不断完善，我们制定出"高二（2）班学生自主管理分工细则"，班上近50名同学都有了属于自己的岗位。除了设置常规的班长、团支部书记、科代表、小组长以外，还有负责具体工作的岗位，如仪式提醒员的职责是记录每名同学的生日，并负责在生日当天提醒班主任为学生送上生日卡片和寄语。门窗管理员的职责是周末、节假日

检查门窗、电源，这样周末班主任就不用担心教室的灯关了没有，窗帘会不会又钻出了窗子。考勤委员的职责是每天及时清点人数，做好记录，并作为学生代表在家长群公布每周考勤情况。宣传委员除负责常规黑板报以外，还负责开学、放假、家长会等特殊日子的黑板布置、视频编辑等。摄影员负责记录同学们学习生活的点滴，这样才有了教室后面的照片墙——"青春的印记"，才有了家长会上"看看我们的学校生活"的幻灯片。座位管理员负责座位的定期轮换。财务管理员负责管理班费，公布收支情况，还负责变着花样为每周的优胜小组购买奖品。手机管理员负责周日晚上把住校生的手机收进专门的柜子保管并记录名单，周六放学再分发给他们。班主任会把上交手机的名单公布在家长群里，让家长知道有哪些学生上交了手机。有时家长看了名单就会私下告诉老师自己的孩子本周带手机了，但是上交的名单里没有，请老师关注一下。住校生管理员负责晚上第三段晚自习清点人数、卫生安排以及考试前布置考场。绿植管理员负责发动大家带绿植及进行日常养护。此外，还有节能员、眼保健操督促员、班史记录员、图书管理员、安全观察员以及班旗管理员等。班上47人真正做到人人有事做，事事有人管。你为学生搭建平台，他们就会给你惊喜。走进教室，你会发现：哦，换黑板报了；咦，又添绿植了；嘿，又换照片了；对啊，是该换座位了；那个是什么时候准备的药箱？这些琐碎的事情有人去负责，班主任才可以抽出身来和学生进行心的交流，如每天和一名学生进行"见字如面"的书面交流、组织每周的班委会、进行每周主题班会的思考以及和家长的沟通反馈等；才可以从大局出发宏观调控整体布局，面对复杂的班务工作才可以做到繁而不忙。

二、富有生命力的班级规则，让你忙而不乱

合理的班规不仅能给班级管理带来方便，还能提高班主任的工作效率。虽然每一条新的规则在实施中都会遇到困难，但是它如果有助于学生发展、班级建设，那就需要不断优化和强化。比如，小组互助学习是需要激励的，有评比就需要有积分。评比项目当然离不开学习成绩，但是班上只有一个第一名，总有一个最后一名，怎么激励学生呢？那就在年级层面比，能进入年级前20名的学生进步一名加20分，进入年级前50名的学生进步一名加5分，进入年级前100

名的学生进步一名加2分，在年级200名以后的学生进步一名加1分（分值可以根据自己的班情做适当调整）。这样一来，每个层次的学生都会觉得有盼头，有目标。

除了学习以外，参加体育节、参加年级球类比赛、制作手抄报、制作家长会小视频、带绿植到教室以及拾金不昧等项目都可以加分，这样做的目的是让每个学生都能把自己身上的闪光点发扬光大，让每个学生都能在班级中找到存在感。班级常规评比项目包括每周和教师交流打卡、考勤、"晨思暮省"记录、作业完成情况等。这么多细则，要执行下去就得靠班级成员，而班主任的作用则是为规则把关，为规则加码，强化规则的执行，让规则更具生命力。规则只有具有生命力，才不用朝令夕改，实施起来才不至于虎头蛇尾。让规则"说话"，尽管面对一个班几十个个性、气质不同的学生，应对德智体美劳各方面的评比，班主任的工作同样可以做到忙而不乱。

三、早策划和勤归类，让你忙可预见

班主任有时被催得很急，如开学交计划、期末交总结、考试过后要分析、学期伊始报补助名单、学期结束评奖学金人选，还有不同节日的板报宣传、活动策划等。可是有时看似很急的工作却存在一定的规律，如每学期初的工作计划、每学期末的工作总结等都可以早做准备，可以借鉴往年的书写模板。每年的体育节、艺术节时间段都差不多，常规的教室文化建设、板报更换也具有一定的规律性。班主任除了在时间上早做准备以外，在内容上也要养成平时积累分类的习惯，如在自己的电脑上专门规划一个盘或者几个文件夹，将其命名为某某届某某班班级管理，把文件夹分类：将学生名册、注册表格、农宿补名单、住校生名单、助学金名额等内容放进"学生资料夹"里，这些在三年中会反复用到；养成随手拍摄的习惯，把你抓拍到的学生在校的每一个瞬间放进"学生照片夹"里，开家长会时挑选出来制作成电子相册滚动播放给家长看，他们非常喜欢这些照片，都期待看见自己的孩子，制作毕业纪念册时也可以从中随意筛选；把你所带班级获得的每一次荣誉都放在"荣誉夹"里，这样写总结时就不用到处去找，十多年下来，收获也不小哦；把每一次考试后的学生成绩放在"历次成绩夹"里，跟踪分析或者查阅学生成绩情况时，可以从中轻松调出；把你在微信、杂志上看到的主题班会素材放到"班会夹"里，不同时段的主题班会也许能用得到；把你看到的教室布置图片、图书角图片、开学第一课的黑板设计放在"教室布置夹"里，以供日后借鉴；平时在公众号上看到的百日誓师大会的视频、成人礼的视频以及体育节入场式队形视频等都可以先保存下来，以备不时之需。这些平时看似不经意的归类整理，可以让你在需要时从容应对，减少重复劳动，让你在班级管理中体会到：有些忙，是可以预见的。

"工欲善其事，必先利其器"，让我们用有效的学生分工、有生命力的班级规则以及早策划、勤归类的工作习惯，代替那种只是用早出晚归的行色匆匆来展示自己对班主任工作的优良态度的做法。让我们在班级管理的路上一直保持探索研究的姿态，让所有的得心应手都成为日积月累、苦思冥想、不断探索后的自然流露。如此，我们作为班主任就真的"慧忙"了。

【同伴点评】

记得在一次讲座中，有位专家讲道："班主任工作纷繁琐碎，但回过头想想，当一个学生毕业二十多年以后，他可能就只记得住班主任的名字。"是的，班主任对学生的影响是深远的。那么面对纷繁琐碎的班级事务，如何做好班主任工作？正如王老师说的，要做好有效的班级分工，制定具有生命力的班级规则，早做策划和勤于归类，做一名"慧忙"的班主任。

有效的班级分工，可以让我们繁而不忙。记得我在刚当班主任的时候，许多事情往往喜欢自己包办，事必躬亲，害怕学生把事情搞砸了，自己忙得不可开交，结果还是一地鸡毛，真是"剪不断，理还乱"。学生过于依赖班主任，积极性不高，自我管理能力不强，班级运行不顺畅。其实班主任应该学会"调兵遣将"，从宏观上调控全局，做好班级分工，如设置班长、团支书、科代表、小组长、仪式提醒员、门窗管理员、手机保管员、绿植管理员、座位管理员、住校生管理员等岗位，在空间和时间上做到"网格化管理"和"精细化管理"。各个岗位责任到人，各司其职，让班上"人人有事做，事事有人管"。这样，学生就能学会做真事、真做事，在做事的过程中提高自主管理能力，增进师生和生生之间的沟通交流。教师在引导学生自主管理的过程中不仅能更加了解学生，拉近和学生之间的距离，还可以厘清班级管理思路，使班级管理做到繁而不忙。

富有生命力的班级规则，可以让你忙而不乱。正所谓："没有规矩，不成方圆。"班级队伍建设离不开有效的班规，良好的班规能够提高班主任的管理效率。制定班规的目的是让学生有目标，弘扬正能量，提高自律性。"橡皮泥做的尺子不能准确地测量出物体的长度"，班主任应为班规把关加码，强化规则的执行，让规则客观且富有生命力。参考中学生日常行为规范和校纪校规，制定可量化的班规，结合学校开展的"学生共同体"月评和学期评价，能对学生德智体美劳方面的表现做出客观的评价。

早策划和勤归类，可以让你忙可预见。"凡事预则立，不预则废。"每学期、每学年的部分工作都具有共性，如开学计划、班级质量分析、餐费统计、期末总结。我们应该早做准备，提前策划，做到有备无患。班主任要学会整理资料，勤于归类，制作学生资料夹、照片夹、荣誉夹；做有心人，善于收集资料，以备不时之需，减少重复劳动，从而体会到忙是可预见的。

总之，通过阅读王老师这篇关于班级管理的文章，我深刻地体会到，班级管理是有技巧可寻的。班主任要学会对班级进行有效分工，制定富有生命力的班规，早策划和勤于归类，要忙得聪明，要做"慧忙"的班主任，而不是瞎忙的班主任。

——工作室成员：郭幼昌

助力学生过一种有计划、会反思的学习生活
——我们设置的"晨思暮省"

王惠英

每接手一届高一，我开展的问卷调查都会涉及一个共同的问题：为什么上高中？学生的答案十有八九是为了上大学，还有极少数是父母的意见和随大流。但是在问到"你准备怎样规划自己的高中学习生活"时，答案却集中在课前预习、课后复习、课堂认真听讲、认真完成作业之类的"正确的废话"上。这是目前中学生普遍存在的问题：有目标但不够明确，有规划却不够具体。

中学生平均每天在校时间超过十个小时，在校期间，有各科任教师的周密安排。到了节假日和周末，"规划"孩子学习生活的接力棒则传到家长手中。这一过程看似无缝对接、严谨有序，实则是被动安排。如果在中学阶段学生没有养成对自己的学业进行规划和反思的习惯，其"后遗症"会延续到大学。对部分大学生的跟踪调查结果显示，大一是学生的"断乳期"，老师和家长都放手了，面对"突然的自主"，学生会出现各种不适应：有的学生说自己贪玩过、迷茫过，有的学生多门考试挂科，有的学生考的是本硕连读却被取消硕士资格，有的学生甚至被退学了。针对以上现状，我根据元认知理论在班上设置了"晨思暮省"自我管理模式，目的是助力学生在关键的高中三年过一种有计划、会反思的学习生活。

一、设置"晨思暮省"的理论依据

元认知由弗拉维尔于20世纪70年代提出，又称反省认知、超认知等。元认

知策略是一种典型的学习策略，指学生对自己的认知过程及结果进行有效监视及控制的策略。学生可以通过元认知来了解、检验、评估和调整自己的认知活动。"晨思暮省"属于元认知管理方法，它帮助学生在树立目标、制订计划、认识自我、反思改进、不断修正的过程中实现有计划的学习和成长。

二、"晨思暮省"的具体操作

1. 初期接纳和启动：思想上的认可和"硬件"上的准备

当学生接触一种新的学习方法时，我首先对这种方法进行详细介绍，让学生知道"是什么、为什么和怎么做"。在班会课上，我先将"晨思暮省"这一元认知学习方法对学习和成长产生的影响介绍清楚，让学生意识到这种方法对自我发展的重要性和必要性，产生"我需要这种方法"的期待，这样学生才会愿意做好这件事情。

第一部分：认识自我——写在开篇

具体操作从一本专门的记录本开始，记录本最好是统一规格。第一部分需要学生在我的引导下结合自己的情况来写，不少学生会在后期有修改和补充。"认识自我"的具体内容如下：

树立目标——我的目标大学、我的高考目标分数、最近一次月考年级排名；

分析自我——优势科目和劣势科目、好习惯和坏毛病；

具体措施——提出计划和预案。

"认识自我"示例

一、树立目标

我最想上的大学：西南大学（远期目标）。

高考分数：560分。

第一次月考目标：年级前20名（近期目标）。

二、分析自我

优势学科（喜欢）：英语、化学。

劣势学科（畏惧）：数学、物理。

最好的习惯：爱学习，知道合理安排时间。

需要克服的缺点：抄作业、玩手机、低效学习。

三、具体措施

（1）语文、英语每天完成背诵任务。

（2）数、理、化每天复习3个方程式、公式的应用情境。

（3）化学每周通过视频回顾实验。

（4）生物每周找老师交流2次。

（5）数、理、化每周画一张知识网络图。

（6）语文、英语每周完成一篇写作。

（7）周末设置手机开机时间：11：30—13：30。

第二部分：每日评价——记录日常

每天早上的"晨思"是对当天学习生活制订具体计划，主要是对节假日学生自主支配时间的规划；晚上的"暮省"是对当天执行计划的情况进行评估。

"每日评价"示例

10月4日：今天是国庆节假期第4天

晨思：

（1）复习5个化学方程式的应用情境。

（2）背20个英语单词，完成英语报纸作业。

（3）语文练字一篇、摘抄一篇。

（4）数学、物理分别做一张试卷。

暮省：

（1）今天的任务按计划完成了，可是生物作业没安排。

（2）我发现完成任务是有讲究的：分清"紧急重要""重要但不紧急""紧急但不重要"很有必要！

（3）今天玩手机的时间有点长，明天开机时间：11：30。

第三部分：阶段评价——及时反思

例如，开学时、月考后、学期结束时对制订的计划及其实施情况进行阶段性的反省和改进。教师抓住重要时间节点、关键事件对学生产生的触动和警醒，趁热打铁让学生记录并内化。这类似于每次考试后学生写的总结，不同之处在于这样的反思总结更注重让学生养成主动反思记录的习惯，以便为后续的自我评价奠定基础。

2. 中期巩固和强化：教师、家长和小组合力

最初在班会课上启动"晨思暮省"这一举措时，绝大多数学生是欣喜的、兴奋的。为了避免学生凭一时兴趣而没有用心去体会、去改变，在执行之初，我每天都要查阅学生的"晨思暮省"本，指导学生结合自己的条件和学习要求制订计划，进行有效反思。坚持一个月后，我就可以不用每天检查，改为安排班上两名同学专门负责检查"晨思暮省"本的记录情况，每周三由他们收齐记录本交给班主任，由班主任逐一阅读并给出评语或提醒。周末学生代表会对一周以来的"晨思暮省"记录情况进行总结，再把结果发到家长群。由于节假日是学生最容易破坏规则和养成坏习惯的时段，为防止"晨思暮省"这一举措被搁浅，我们就要充分发挥家长和小组互助的作用。假期的每个周六我会提醒小组长第二天汇报各组员的"晨思暮省"。周日各组长就把检查结果拍照发给我，我再把执行较好的记录在家长群里展示。一个月的假期，组长分4个阶段进行检查和反馈。对于组员不按时记录、不自觉上传的情况，小组长会到家长群里争取家长的协助，这一举措的目的是充分借助外力促使学生养成计划和反思的习惯。

3. 后期优化和升华：好习惯促成大目标的实现

"晨思暮省"可以督促学生养成良好的学习习惯，促进学生学习目标的达成，一周下来，学生对自己的计划执行、与老师的互动交流情况一目了然；一学期下来，学生通过翻看"晨思暮省"本可以清晰地发现自己的学习成长轨迹；一学年下来，学生对自己的目标设置越来越客观、越来越具体，在看待自己存在的问题和制定改进措施方面也越来越理性。那么，五年甚至十年后，如果学生养成了"晨思"和"暮省"的习惯，对自己的每个阶段都有明确的目标、理性的评价和客观的总结，这不就是中学阶段养成教育的意义所在吗？是的，学校是孩子生活时间最多的地方，如果现在能让他们养成自查自纠、自我优化的习惯，能让他们对自己进行有效管理及控制，那么当他们要远离我们的视线时，我们才可以放心地看着他们渐行渐远。

三、设置"晨思暮省"的意义

1. 养成教育的需要

中学阶段的养成教育不仅要区别于小学阶段的让学生知道"能做什么、不能做什么",还要为学生进入大学后的自我管理奠定基础,要让学生在实施"晨思暮省"的过程中学会了解、检验、评估和调整自己的认知活动。高三毕业时,有学生在留言中写道:"也许我的高考结果不是我所期待的,但我知道了该如何规划和反思以后的学习生活。""我可能做不到一日'三省吾身',但无论以后走到哪儿,我都会坚持'晨思暮省'。"当学生能够自觉主动记录每天的成长时,这个过程中培养的规划意识和反思能力将让其终身受益。

2. 教师因材施教的需要

通过学生的"晨思暮省"本,我可以及时了解学生的目标设置、计划执行以及改进措施,在此基础上,才能够更好地为学生提供个性化的指导。比如,发现学生学习状态不佳时,我可以帮助其分析是学习目标不明确没有动力,还是对自己的评价不客观没有对症下药,抑或是不够自律使计划没落实到位。在此基础上,我才能给予学生中肯的建议和帮助。

3. 学生自我完善的需要

每学期开学时学生在"晨思暮省"本第一页上的自我分析,是对自己的再认识,有利于其客观理性地制订本学期的计划和目标。在制定计划和目标的过程中,学生可以不断提高自己对任务、策略的认识。"暮省"时,学生用文字的方式记录当天所学所见,这是一个对外界信息进行加工整合的过程,有助于学生更好地认识自己、认识世界,提高反思能力;对重要时间节点和关键事件的反思,有利于学生获取新的动力,接纳正面刺激。在循环不息的自我认知与完善过程中,学生可以培养无论在何种环境中都勇于适应和转变的心态与反思能力。

四、"晨思暮省"操作中的注意事项

1. 重视启动仪式和后续关注

举行"晨思暮省"的启动仪式。我先要进行充分的准备,然后采用适当的方法介绍"晨思暮省"实施的目的和预期的效果，利用班会课正式向学生推介。"晨思暮省"本的记录要力求规范但不失个性化。比如，准备一个精致的本子，早晚时间的记录、第一页的自我评价等内容需要合乎一定的规范，因为这个本子不仅要方便学生此时和彼时的对照评价、记录成长和习惯养成，还要为教师提供了解学生的另一扇窗。而"晨思暮省"本中"晨思"的内容、"暮省"的角度等则可以个性化。启动之初，我逐一指导，通过展示优秀样本、介绍心得等方式加强学生的关注，步入正轨后便抓住学期开学、考试过后、学期结束以及成人宣誓等重要时间节点进行强化。

2. 重视外力强化和有效督促

独行快，众行远。教师的引导、同学的督促和家长的配合可以让这一举措收到更好的效果。对规划较好的"晨思暮省"本，学生可以在班上相互学习借鉴，也可以拍照发到家长群里宣传。节假日则要充分借助小组和家长的支持与督促，充分发挥群体的相互激励作用，合理借助外力让有计划、会反思这一学习习惯在学生身上根深蒂固。

3. 重视理性评估和适时调整

随着学习内容增多、难度加大，学生对自己的认识和评价会趋于理性，他们的目标和计划也会做出调整，就像有些学生对自己的戏谑一样："高一时我在纠结考清华还是北大，高二时就发现自己想多了，高三时我在怀疑我能考上大学吗？"教师发现学生降低目标、改变计划时，不能粗暴地给他们扣上不求上进的帽子，一定要深入了解背后的原因，帮助学生明确当下的任务；对于学生偶尔疏于完善"晨思暮省"本的现象，要给予提醒和建议。因为这样一个动态、不断生成的过程才是学生正常成长该有的状态。

中学阶段养成教育的作用，也许在若干年后才从当年的学生身上看到一点点痕迹。在学生的成长过程中，"晨思暮省"也许只是培养有计划、会反思的学习习惯的方式中的一种，但却是不可或缺的！

【同伴点评】

"让学生制订目标"应该是每个教师都会用的督促学生的方法。我也时常在接手新班级或者新学期开始时，引导学生自我分析，帮助学生制订短期、中期、长期目标以及对应的学习计划,但是,我却没有这种"晨思暮省"的意识。开始的时候我和学生总是能经常提起目标问题,还能时不时地督促学生落实学习计划。但是时间一长,自己就没那么上心了,学生也没有那种紧迫的感觉了,导致学习目标和学习计划只停留在口头上,没有真正落实到位,目标的作用没有体现出来。

在读了王老师的这篇文章后,我发现其实不是目标的问题,也不是计划的问题,而是在目标和计划制订出来后能不能坚持的问题。如果教师能坚持督促学生,让学生坚持"晨思暮省",这不仅会让学生收获好成绩,更会让他们收获一种使其终身受益的习惯。这对我以后的教育工作是一个很大的启示:在教育教学过程中,我们要了解学生,真心帮助学生,让学生认识到自我进步的重要意义,让学生在外力和内驱力的作用下时时反思,在"晨思暮省"中不断成长,在成长中不断"晨思暮省"。

——工作室成员:冯建东

下篇 学不设限

"问渠那得清如许？为有源头活水来。"

教师是需要终身学习的职业。有人说，教师的定律就是你一旦今日停止成长，明天你就将停止教学。今天如果不充电，明天你可能就没有续航的能力。教师只有通过不断学习，用研究的眼光看待工作，对平凡的、平常的教育活动保持好奇与敏感，才能把职业懈怠、消极应付、因循守旧拒之门外，在学习中感受教育带来的欣喜、满足和幸福，感受教育带来的蓬勃生命力。

我对"教师威信"的认识

王惠英

刚被分配到这所学校时,我任教初三化学,1.65米的我站在学生当中并没有足够的身高优势,其他班级的同科教师有的是年级组长,有的是教研组长,年轻一点的也是颜值高的长发美女,在他们中间自己是那么渺小,总是自信不足。第一天指导教师告诉我,初三的学生都"油"了,会看"麻衣相"呢,你得先树立自己的威信,让他们怕你,这样才好开展教学。

怎样树立威信?当时我只想到一着儿,就是不苟言笑,和学生保持足够的距离,让他们摸不到老师的底细。于是我开始了无感情的教学,课堂上对学生的任何一点看似与学习无关的风吹草动,我采取的措施都是停下教学,用冰冷的目光盯住事发地点。这一着儿开始很管用,违纪学生会安静下来,但是慢慢地就不灵了。有的学生甚至开始和我对视,结果当然是要么学生撤退要么我尴尬地败下阵来,我也因此获得了"冷面杀手"的外号。现在回想起来,如果当初手机像现在一样普及,学生用它偷偷录下我上课的视频,那会是什么景象?一年以来,面对毫无表情的化学老师讲原子分子、物理变化、化学变化,这该是多么痛苦的一件事?细思极恐!

我的醒悟发生在一次全校教职工大会上,老校长在点评一位年轻老师的优课时说,张老师的课给人的第一感觉是舒服,因为她的微笑!原来,听课最好的感觉可以来自老师的微笑,再想想那么温柔可人的张老师,微笑确实是她的名片。我从没见过她发脾气,可学生是如此喜欢和尊重她,而我表面上的严厉对我在学生当中树立威信毫无帮助。也是从那时起,我才开始好好琢磨"威信"这个词。百度词条解释：威信，即威望与信誉。时至今日，对教师的威信我是这样理解的：不仅要有渊博的知识，还要有高尚的品格；不仅要有独特的学科教学方法，还要有谦和的态度和亲和力。教师的威信应该能让学生对其产生敬佩和崇拜，能在学生当中产生凝聚力和向心力。当初的我，无才哪来的"威"，无爱哪来的"信"。

再想想现在的我，奔五的人还被学生称为"女神""英姐""惠英妈妈"，在和学生的相处中我早已忘记要刻意在学生面前树立威信了。但我却不得不随时提醒自己要注重专业知识的更新完善和教学方法的与时俱进，这是在学生中树立"威"的基础；不得不随时提醒自己要发自内心地付出爱和善于与学生进行平等的交流，这是让学生产生"信"的关键。我不会忘记老校长说的话：课堂首先要让学生产生舒服的感觉。是的，冰冷的表情不会让学生敬佩，而会让学生远离，刻意的不苟言笑也仅仅是教师不够自信的表现。和谐的师生关系、灵动的课堂才是我们共同追求的目标。教师的威信来源于自己的专业素养和人格魅力。

【同伴点评】

入职以来，王老师就是我学习的榜样。在我眼中，王老师是一位温柔、女神一般、十分受学生欢迎的老师。我羡慕王老师，但我更想知道王老师是如何修炼自己的。

读完这篇文章，我才知道王老师也曾经历过懵懂、迷茫的时期。是的，没有谁天生就适合做老师。大家都是经历过摸爬滚打，走了无数的弯路，在失败中反思，在反思中成长起来的。

两年前，初登讲台的我和当初的王老师有着同样的困惑：如何树立威信？因为我生性爱笑，没办法像有的老师一样做到不怒自威，而且这个度一旦把握不好就容易引起学生的厌恶和反感，结果就会适得其反：学生不喜欢你，连带着不喜欢你的学科。我十分赞同王老师的观点：教师的威信应该能让学生产生敬佩和崇拜之心，能让学生"紧紧围绕"在你身边。有才才有威，有爱才有信。同时，每个人的性格都是不同的，所以我们都应该有自己的风格，有独一无二的标签和名片。无论你是哪种风格，都应该以渊博且不局限的知识、良好且有魅力的人格做基石。

"学高为师，身正为范"，简简单单八个字，却值得我们每一位老师用一生的时间去践行和感悟。

——工作室成员：张梦婷

我看师生间的称呼

王惠英

作为老师或者班主任,你知道学生在课外都怎么称呼你吗?你又是怎样称呼学生的?你对学生的称呼随着时间的推移有变化吗?

"化学老师",这仅仅是称呼,不带感情色彩,听不出好恶,一部分家长和孩子在交流时也习惯用学科指代科任老师。我刚开始听到学生这样称呼我时有过不悦——怎么连老师的姓都记不住?除此之外便是我对"老师"这一称谓的心安理得,是那种带着自豪感却没多少责任感的接受。这个阶段的我对学生是直呼其名,只是会有意加大音量,大音量里藏着一丝初为人师的不自信。

"冷面杀手",这是学生背地里给我起的外号,来源于我为了在学生当中树立所谓的"威信",让学生摸不到我的底细而采取的无感情教学。曾经我不苟言笑,对课堂上任何一点风吹草动都停下教学用冰冷的目光注视事发地,从而让学生安静下来。听闻后我的反应是:谁起的?言下之意是等我查出来"有你好看"。或许我还有其他自己不知晓的外号,因为和学生交流少,我了解的自然不多。但是可以推测出的是其他外号多半也是贬义的,因为师生关系是能相互感应的,你付出冷漠不可能收回暖阳。这个阶段我对学生仍然是直呼其名,没有任何感情色彩。这是我从教前5年的写照。

"惠英姐",这个称呼除了年龄的原因,从中还可以感觉到这时的我和学生的关系近了,会和学生唠家常、谈八卦新闻,师生之间的防线解除了,所以他们也不回避当面这样称呼我,而我听了心里很舒服。此时我对学生的称呼不再是刻板的"同学们",在班上你会听到我说:"姑娘们,下自习路上注意安全。""小伙子们,你们该活动活动了。"这是从教10年后我和学生关系的写照。

"惠英妈妈",从年龄上看我跟学生的家长差不多,但是从这个称呼中我听出了更多的信任和依赖。不是每一个和母亲同龄的女教师都能让孩子产生妈妈的感觉,所以在这一称呼中我还听到了责任!我也会很应景地称呼他们"孩子们"。有时我也会只叫名不叫姓,如梓铭、可欣,没有铺垫、毫不矫情,脱口而出的是自然流露的关爱。这是从教20年后我和学生之间的称呼。

随着岁月的流逝,老师的年龄不断增长,而学生仍然是三年一轮回,他们大多仍然固定在15岁进校,18岁毕业。年逾五十的我,学生会在背后怎样称呼我呢?"女神",虽然早就从影视媒体中对这个词耳熟能详,但当看到学生在日记、短信里这样称呼我时,我还是专门百度了"女神"的含义:指外貌、智慧以及素质等综合资质高的女性。我顿时倍感汗颜!但是心里却很喜欢这一称谓,而且生出不能让学生失望、要维护好自身形象的念头。于是,我更加注重自己的言行举止,努力让自己的学识、素养和言行配得上学生的称呼,因为这一称呼里有肯定、激励和期望!我意识到韶华流逝,但学识和素养却可以弥补容颜的衰老;我知道要内外兼修,更加喜欢"腹有诗书气自华"。我对学生的称呼更多的仍然是脱口而出的只叫名不叫姓,或者在姓前加个"小"字,如小唐,或者在最后一个字前加个"小"字,如小荣。这些称谓会在和学生交流时脱口而出,就像叫自家的孩子,没有刻意、没有修饰,因为每一声称呼里已经融入了爱。而学生在和我的交流中署名也从最常见的"你的学生"到"你头疼的孩子""你的小骄傲",不少学生也习惯署名时只有名没有姓,如"雨菲",或者留乳名,如"小彪"。我和学生纯粹的师生关系中慢慢掺进了母爱的元素,"师者父母心"的思想已经在不知不觉中体现在我们的相互称呼中。这是目前我和学生关系的写照。

学生和老师之间的相互称呼,可以反映师生关系,体现老师在学生心目中的位置。学生那声普通的"老师好"承载着责任和尊重,老师最随意的一声乳名浸满了爱意。

【同伴点评】

王老师这篇随笔，每读一遍，我都会感慨：王老师就是我们心中那个"腹有诗书气自华"的老师。她的文字散发着温柔的力量，承载着思考的结晶。

关于师生之间的称呼，以前我并未深入思考过。现在回头细想，大概是因为我对学生和学生对我的称呼都无特别之处。"李老师"或者"化学老师"，是最普通不过的称呼了，我对学生也总是直呼其名，我想这大概与我自身的性格有关。我不时也会听到学生对别的老师的称呼是不一样的，如"波波""钏姐""小明""朱爹"等，也难免会有一丝羡慕，因为正如王老师所说，师生间的称呼能反映师生关系以及老师在学生心目中的位置。"亲其师，信其道"，师生之间的称呼似乎是一件小事，却在老师的日常工作和学生的学习生活中扮演着重要的角色。

5年前、10年前、现在，师生之间的称呼见证了王老师从一名青涩的青年教师到备受学生欢迎的专家型教师的成长过程。从"冷面杀手"到"惠英姐"再到"女神"，从这样的称呼变化中，我看到了一位不断自我成长、孜孜不倦的优秀女性形象。大部分人都有职业倦怠期和发展瓶颈期，但是王老师好像每个阶段都在向前，这也是对我们青年教师的一种激励和启发。

我不禁期待，未来我和学生之间的称呼又会怎样变化呢？

——工作室成员：李凤

百度导航给教师带来的启示

王惠英

每次用百度导航我都会感叹：导航好人性化、好耐心哦！它会根据你的目的地给你提供几种选择方案：时间最短，红绿灯最少，抑或过路费最低。一路上，它会提醒你行车注意事项，无论你是主观还是客观原因偏离它规划好的路线，它都会及时发现你的"走神"，随即反复提醒："你已偏离路线。"然后采取补救措施："请在前面XX米处掉头。"如果你一意孤行，它就会"为你重新规划路线"。哪怕你多次不听劝阻，它也会对你保持绝不放弃的态度和一如既往的耐心，于是你有时会因为耐不住它的坚持而选择"那就从了它吧"。

其实，无论是百度导航还是网站导航，在功能上它们和教师的共同之处都在一个"导"字。百度词条中"导"的基本字义有：①指引，带领；②传引，传向；③启发。作为教师，我们在"导"方面的优势受到人工智能的冲击越来越明显，但是我们可以结合自身优势向导航借鉴，让自己更具竞争力。那么借鉴什么？从何借鉴？

一、适时更新

如果路况有了变化而导航没跟上，那么几次出错以后我们便会认为这导航不好用，考虑是不是换成其他的。其实作为教师，我们正在或即将面临和百度导航一样的挑战，选课走班制的实施和学习渠道的多样化，让教师也慢慢处于被选择的位置。学生在变，教学目标也在变，如果我们的知识储备、教育理念、教学方法滞后，满足不了学生求知的需求，时间长了学生也会师从他人。

"苟日新，又日新，日日新"，信息时代的教师必须以这样的姿态迎接挑战，不断提升专业能力，适时更新教学理念，这样才能让自己在竞争中立于不败之地。

二、耐心纠错

出行时，当你偏离了导航为你提供的路线时，导航会耐心地为你提供改错的方案，不厌其烦地提醒，态度一如既往地温和。如果你还是一意孤行，导航会为你重新规划路线，语音里没有责备、没有不耐烦。进入AI时代，类似的智能服务已经开始冲击我们的传统教学。看看各种学习软件的智能化设计，答对时有掌声、出错时有鼓励，哪怕你一错再错，它依然春风化雨般地给予点拨加鼓励：别泄气，再试一次。在面对学生反复出错的问题时，我们也会帮助其纠错，但耐心就少了很多，会从语气上、面色上表现出不耐烦，甚至会苛责、质问：为什么上课不专心？为什么做了几遍还出错？为什么别人都没错只有你错？如果学生能学到同样的知识，我们在耐心上就输给了人工智能。这就是学生常说的：老师，您说得都对，可是我接受不了您的态度。显然，我们只有充分理解自己作为教师这一角色的责任，才能以更宽容、更耐心的态度去面对学生的各种错误。

三、科学预见

百度导航对电子监控、服务区位置、行驶需要的时间、拥堵路段都会进行预报，让驾驶员做到心中有数。它之所以能精准预见，是因为它不仅在按既定的程序播报，还在关注环境的临时变化，如交通事故、天气抑或上下班高峰等因素。同样，作为教师，我们在按已有的教学经验执行教学计划的过程中，要能预见到学习重点、难点以及学生可能会遇到的问题，让学生在学习过程中既能看得到希望和目标，也能对面临的挫折做到心中有数，就像有的老师会提醒学生这节内容很容易出现分化、这个实验操作会发生怎样的意外一样。预见和让学生试错并不冲突，有的教学内容可以让学生试错，有的则不行，这对教师来说实质上也是一种教学预见。教学中的预见是生成的基础，而生成则是预见的升华。有了这样的准备，我们的课堂就会少一些随意，多一些严谨和规范；

少一些墨守成规，多一些惊喜和感动。

四、个性化选择

百度导航会在你输入目的地以后为你提供不同的路径，你可以根据自己的需要来选择：是用时短，还是收费低，抑或是红绿灯少。目前，面对相对封闭的学校环境，课程的多元化建设和生涯教育的开展，就是为学生提供个性化选择的重要途径，让学生对自己的兴趣和长处有清晰的认识，知道自己是"谁"、要成为"谁"，知道自己在哪里、未来要去哪里。学校为学生的个性化选择提供了越来越成熟的条件，教师要承担起对学生的个性化选择进行指导的责任。教师不仅需要过硬的专业知识和发展的眼光，还需要深入了解学生掌握知识的层次、智力水平、个性特质、兴趣特长以及家庭背景。教师了解得越充分，为学生的个性化选择提供的指导也就越全面、越科学。

信息时代，多元学习模式既给教师施加了压力，也是促使教师进行改变的动力。它是教师不断更新自我的动力，是面对犯错的学生多一分耐心指导的动力，是对未来教学中可能出现的问题多一些科学预见的动力，也是为学生的个性化选择提供正确指导的动力。

【同伴点评】

读王老师的随笔，我总能体会到平凡中带着感动，感动于她能体悟日常生活中司空见惯的场景背后内隐的教育意义。

受传统教学的影响，我们在教育教学中往往"灌"多于"导"，这一现象其实是教育理念的固化和不善于求变求新的体现。毕竟只关注教师如何教、教什么，比同时关注学生怎么学、学到什么程度要省力得多。

那么，我们该如何做好"导"呢？如文中所说的像百度导航一样，首先，教师不断更新教育教学理念以满足学生的需要，同时满足自身职业发展的需要。新教材、新课程、新高考背景下育人模式的变革、教学方式的转变，就是目前一线教师面临的挑战，只有理念先行才能适应课改要求。其次，在教学中，我们总会遇到这样的学生：教了还错，再教再错。这时很多教师会忍不住对学生发脾气，甚至苛责学生。但我们的情绪化对于解决问题没有任何帮助。

其实学生对教师所教授的知识不理解是很正常的事情，这时或许我们应该反思所提供的方法是不是适合学生，或者反思是不是我们缺乏耐心而导致学生的问题无法解决，如果"你已偏离路线"的提醒无效，那就尝试采取"已为你重新规划路线"的私人订制。最后，在新的时代背景下，全社会对教育的关注达到了一个非常高的程度，同时提高的还有对教师的期望。作为教师的我们，只有不断提高自己的专业能力，如对新教材新课标的理解、对课堂的预见和调控、对学生的多元评价，才能充分发挥"导"的作用，才能不辜负学生和家长对我们的期待。

——工作室成员：吴石莲

两棵核桃树

王惠英

学校围栏外有两棵核桃树，相距不过10米，一棵位置稍高，一棵位置较低。其实很多路过的师生并不知道它们是核桃树，一是不留意，二是不认识，因为核桃的外面还被一层绿色的外衣包裹着。我对它们的关注始于两年前的中秋节，围栏外的人家在用竹杠打核桃，是位置较低那棵，然后我发现附近还有一棵，果实相对较小。进入冬天，树叶慢慢变黄再纷纷落下，树上残留着几个核桃，它们外层的青衣也裂开了，露出了人们熟悉的核桃模样。再后来，树叶就掉光了。

枯树发新芽

转眼到了春天，位置较低的那棵树开始冒出第一缕新芽，两周时间树丫上布满了绿色，可是位置较高的那棵树仍然是光秃秃的树干，难道它枯死了？又过了两周，位置较低的那棵树上已经开出了长串长串的核桃花，位置较高的那棵树仍然是光秃秃的树干。好可惜！好端端的一棵树怎么就枯死了？它可能是生病了，也可能是缺水了，我不禁抱怨附近的人家只知道来收摘核桃也不照顾一下核桃树。

四月初的一天进学校时，我不经意一抬头——天啊，那满树丫的嫩绿着实惊到我了！那棵被我诊断为无药可救的核桃树，现在已经是欣欣向荣的一片绿。一个多月，它整整晚了另一棵树一个多月！我一边为自己之前的武断感到惭愧，一边思考原因：位置较高的那棵树也许是因为处于坡顶，水土营养容易流失，保肥能力差，所以它生长的节奏会慢一些，结的果子会小一点。可是那又有什么关系呢？它依旧把根伸到土壤深处拼命吸收营养，把枝干伸向天空接受阳光的照耀和雨水的洗涤，最终按照自己的节奏发芽、开花、结果，活出了自己的模样。

其实，在我们的教学当中，有很多类似这样慢节奏的学生，他们有的是起点低，有的是能力差，也有的是方法不对。比如，我的学生LQC，他背书慢、作业慢、说话慢、写字慢，但是一笔一画写得极端正。每次他来问作业时，我都耐着性子听他断断续续表达。有时候他的问题会引起周围同学不屑的眼神或无奈的摇头。有几次实在忍不住了我也会面带愠色，语气中流露出不耐烦，可是看到他一脸无辜的样子，我又把语气缓和下来，平心静气地听他阐述自己的解释。看到他从一脸焦急到心满意足地微笑着说："我懂了，我懂了，刚刚我脑卡了，谢谢老师！"我会为自己之前的不耐烦感到惭愧，然后提醒自己给慢节奏的学生设一个慢频道。当然也有时候，我讲得口吐莲花，他却一头雾水，这时我就会反思自己的方法和表达方式。是的，那些反应敏捷成绩排名靠前的孩子固然带着光环，可那些落在后面还一直努力向前的孩子又何尝不值得尊重？更何况在和他们的交流中教师自身也在成长。

还记得上一届高三，面对即将到来的市测和成绩评比，教师无形中都对学生提高了要求、施加了压力，备考的氛围异常紧张。之后我就看到NY给我的留言：老师，你们太急了！每科这么多的试卷和要求加起来不睡觉也完成不了啊，你们是不是在用自己的节奏或者别人家孩子的水平来要求我们？可是我们真的做不到啊！能适当地放缓一点吗？经她这么一提醒，我立即意识到我们在快马加鞭往前赶，学生却掉队了。我们经常告诉学生要学会停下来思考学习的目的，可是在面对来自外界的压力时我们停下来思考教育的目的了吗？恐怕更多的是把压力转嫁给学生，转嫁给那些我们认为总是慢半拍的学生。是的，就像那棵位置较高的核桃树,就像很多和LQC、NY一样的学生,他们的自身条件决定了自己的发展时区。别催,别着急,更别放弃,让我们放缓脚步,为那些慢孩子暂时设置一条慢车道,不困于心,不乱于行,在专属于他们的慢车道上一起享受慢教育的幸福。就像《牵一只蜗牛去散步》中写到的一样:当我们闻到了花香,感受到夜里微风的轻柔,听到鸟叫虫鸣,看到满天亮丽的星斗,这时也许我们会醒悟过来,原来是上帝叫一只蜗牛牵我去散步。

【同伴点评】

"它生长的节奏会慢一些,结的果子会小一点。可是那又有什么关系呢?它依旧把根伸到土壤深处拼命吸收营养,把枝干伸向天空接受阳光的照耀和雨水的洗涤,最终按照自己的节奏发芽、开花、结果,活出了自己的模样。"细品这段优美的文字,我的内心从顿悟到激动再到平静,我仿佛听到了灵魂深处的呐喊:不要让教育走得太快,请等一等落下的灵魂!

怎样做"慢"教育?首先,我们要减少教育中的浮躁,不急于求成,不以分数划分学生等级,不在心中划分学生好坏,坚信学生有自己的成长路径,就像王老师文中的"慢半拍的核桃树",只要赋予耐心,给予助力,我们定能收获硕果累累。其次,我们要以学生的思维方式、个体特点为出发点进行教育,关注学生的个体差异,运用与之相匹配的教学方法,特别是对"慢半拍"的学生,及时给予知识辅导、学法辅导、心理辅导,多给他们提供交流的机会、表现自我的机会,让他们在"慢"中也能信心满满,获得成就感。最后,我们要学会欣赏学生"慢成长"沿途中的风景。有些学生虽然在学习上"慢半拍",但能风雨无阻坚持上学,能与同学和睦相处,能尊敬老师,能主动帮助同学,他们与过去的自己相比已经有了很大的进步。只有我们看到了学生的这些优点和进步,学生才能从我们这里获得赏识的力量,进而将其转化为前进的动力。从心底接纳"慢半拍"的学生,尊重他们的成长规律,找到与之对应的教育方法,助力其成长,是教师敬业精神的体现,更是教师的一种睿智、一种气度!

蜗牛牵着我去散步,是我欣赏沿途风景的绝好机会!

——工作室成员:赵买琴

细数那些带着温度的瞬间

王惠英

九月,又是开学季。听侄子说他送儿子上幼儿园那天早上,走出小区大门时物业工作人员给每个新生送了一支铅笔、两个鸡蛋,寓意为100分。听闻后,我不禁为物业的用心拍手称赞。记得七夕那天,我去侄子家吃饭,进入小区时物业的工作人员也为每位进门的女士准备了一支玫瑰,很温暖。是的,"赠人玫瑰,手有余香"大概就是形容这样的瞬间。想必作为教师的你也曾为学生制造过不少带着温度的瞬间吧。

一、篮球赛后的6杯热咖啡

年级篮球赛冠亚军决赛,我们班上半场领先,下半场打平了,加时赛以2分之差败北。孩子们多少有点不甘心,其实我也一样。有的队员都没来得及好好吃饭就到上自习时间了。自习课上,我想对大家说点什么,但又觉得说什么都是多余的,那就直接步入正题,讲试卷吧。讲完典型错题后,同学们安静地对试卷进行归纳整理。这时,我回到办公室泡了6杯咖啡,逐一端到6名队员桌子上,拍着他们的肩膀轻声说道:"喝了吧。"看得出第一位队员很惊讶,但他随即说道:"谢谢老师!"第二杯,第三杯……一直到第六杯,教室里安静得掉根针都能听得见。其实我知道,我每端一杯咖啡过来,都有不少同学用余光在关注着,大家都没说话,但心里应该是温暖的。

二、坚持给学生的生日卡片

儿子读高三那年，令我印象最深的一件事就是：有天中午放学，他一进家门便递给我一张卡片，我问是什么，他让我自己看。原来是杨老师送给他的生日贺卡！看儿子那兴奋劲儿，应该是在楼道里就准备好的，所以一进门就递给我了。看来杨老师送他的卡片让他兴奋了一上午，而对我的启发却一直延续至今。因此，我重新担任班主任工作后，为每个孩子的生日都准备生日贺卡，得知有的学生目标是厦大，我就送厦大的卡片给他，有的学生的目标是清华，我就送清华的卡片给他。我还会送励志的卡片，或者送卡通画，配上我的祝福。送卡片时，我也会当着全班同学的面祝福生日快乐，教室里就会立即响起热烈的掌声。如果遇到假期过生日的情况，我就先通过短信发送祝福，开学后再补上。为了避免忘记生日，我专门安排了一位仪式提醒员。开学注册时她记下全班同学的生日，每个同学过生日的前一天她会提醒我，我手机上有她一年来的短信提醒。我知道孩子们需要的不是那张卡片，而是一种被老师和同学关注的幸福，是一种被大家一起祝福的仪式感。

三、为孩子们的成长做好记录

记得高一开学第二周的主题班会上，当我给学生播放那段记录入学后点滴的美篇时，大家都感到很意外。因为每个同学都从照片中找到了开学以来的自己：有军训中的飒爽英姿，有领书时认真清点的模样，有打扫卫生的细节，有布置教室、搬抬桌椅的背影，有开学第一天精心设计的黑板，有专心听讲的形象，有趴在桌子上午睡的样子，当然也有在教室打闹的不文明现象。这些都是我随手抓拍的，除了想让同学们通过照片、视频看看自己的表现，我还想尽量为他们记录在校的片段，尽量为他们的高中生活添一点色彩。樱花盛开时我们会去拍集体照，让青春尽情绽放——那天下午同学们可以穿漂亮一点。高一结束时我们在绿草如茵的足球场上坐成WiFi的形状照了一张照片。因为我喜欢看到孩子们蹙眉沉思的模样，也喜欢看到他们飞奔时脸上的汗珠被太阳照得闪闪发光。而这一切的一切，我拍的照片可以为我永久收藏。

高一毕业时的WiFi照

　　由于学生不能带手机进学校，我一个人拍照就存在局限性，后来同学们在班上推荐了一名学生，征得家长同意后允许其带手机来担任摄影员，负责记录同学们在班级生活中的点滴。教室后面也专门开辟了照片墙——"青春的模样"，一个月换一次，每次新照片出来就是同学们最兴奋的时刻，因为他们都想知道自己是什么时候被关注的。开家长会时，照片墙前围着的家长最多，他们在照片中寻找自己的孩子，想看看脱离父母视线的孩子究竟是什么样子。高一结束面临文理分班，期末家长会上，班长把挑选出来的70多张照片做成PPT，配上画外音或者背景音乐，播放给学生和家长看。当天教室里学生和家长坐了80多人，当看着一张张反映孩子们一年来班级生活的PPT时，家长眼中泪光闪闪。

　　谁说高中生活一定是枯燥单调的，惊喜和感动也许就在一个个不经意的举手投足间。也许，这些举动温暖的只是瞬间，可是无数个瞬间温暖了同学们的高中三年。

　　有人说班主任的风格会在学生身上体现出来。是的，班主任的教育理念、价值观和生活态度会直接影响学生。高二开学分班了，孩子们被分到不同的班级，走出教室之前有孩子说"可以不走吗？"有两个女生竟然抱着我哭。接下来到了教师节，每位曾经任教高一的教师都收到了一份惊喜：一本贴着班级照、附着48个孩子对任课教师的心里话并配有手绘图案的纪念册。这是孩子们在暑假分工准备的。有老师在朋友圈晒出"这是最温暖的教师节礼物"。是的，温暖是可以相互传递的。

【同伴点评】

莱斯利·福利尔德说:"教师,非领域专家也。他并非在教授一门课,而是在分享他的人生。他能够化腐朽为神奇。教学就是一种艺术。"回想起自己的中学时代,脑海里总有几位老师的影子,他们在我学习、成长的路上带给我温暖和感动,虽然毕业多年,但我们一直保持着联系。当然也有的老师,现在提起,我依旧有种心惊胆战的感觉。

如今,身为人师的自己在平日里收到学生一张小纸条,节假日收到一声问候和一条祝福短信,心里总会掠过一丝幸福与感动。此刻,我们是不是也应该问一下自己,平日里有没有给学生也带去过这样的幸福与感动呢?就如王老师说的,高中生活不是枯燥单调的,惊喜和感动就在一个个不经意的举手投足间。孩子们的世界其实很单纯,老师的一个眼神、一个微笑、一句问候、一条评语,都可以让他们欣喜无比,因为这里面包含了太多的坦诚与希望。亲其师,则信其道;信其道,则循其步。一位有温度的老师是学生的旗帜,学生将会跟随老师的脚步,从老师身上了解做人做事的行为准则。当感受到老师对他们的真诚与关心时,他们也会用行动给予老师、给予社会以爱的回赠。这就是教育的意义。

在学生的求学路上,老师的言行举止会对其产生深远的影响。在以后的教学生涯中,我想我们不但要向学生传授知识,更要对学生的成长负责,引导学生走向生活、走向社会。所以,我们不要吝啬自己对学生的爱,多为学生制造一些温暖的瞬间,像春雨一样,润物细无声,走进学生心灵深处,做好学生的成长导师,潜移默化地滋养学生的心田。

——工作室成员:杜华丽

这一次，我是考生

杜华丽

为提高教师的专业技能，以考促学，让教师更熟悉高考考点，放假之初，学校给各位教师安排了假期作业，要求教师在寒假期间完成近三年的高考试题分析，开学进行相应的考试。

踏着铃声，我满怀信心地走进考场，找到自己的座位。虽然自己平时已经认真钻研教材，假期中对近几年的高考题也进行了整理与分析，为这次考试做了充分的准备，但是这一次，我从平日的监考教师变为考生，还是略显紧张，担心答题时出问题。我回想起自己平日对学生说的："不要紧张，平常心对待，相信自己。"我暗自鼓励自己，相信自己一定能闯关成功。

看着发下的试卷，我心中一阵窃喜，试卷是全国卷高考真题，假期自己看过。窃喜过后，我收回思绪，按照考试的节奏作答。前面大部分题都比较顺利，轻轻松松就答完了。最后的大题有两处计算的地方。糟糕，卡住了！思路、方法都有了，可是计算几次后，我还是觉得不对，心情开始烦躁起来。而此刻，周边其他同事已经陆续交卷走出考场，这更加重了自己的局促不安。这时我想起平日对学生说的话："这些解题方法，我们一直在强调，为什么还是记不住呢？不要眼高手低，赶紧动手算。"此刻，我不就是自己口中的学生吗？

40分钟，完成作答后，我故作轻松地走出考场。考场外，大家都在交流着这次考试的心得与感受。于我而言，这一次，我成了考生，体会到了平日学生在考场中的期待、紧张、焦虑、兴奋、无奈与遗憾。原本自认为专业扎实、准备充分的我，在这一次考试中，真正理解了"活到老，学到老"这句话。

一次角色的转变，让我对学生多了一些理解，对教学多了一些思考。在面对学生的考试成绩时，我是否应该多一些理解和包容？平时的教学方式是否应该有所改变？结合这次考试经历，我意识到需要做如下改变：

一是引导学生注意情绪的调节。在平时的各种检测中，特别是遇到难题时，要学会克服急躁情绪，消除烦躁不安、焦虑紧张的心态，提高自信心。

二是引导学生充分认识自我。要认识到无论平时学习得多么认真，总会有学得不扎实的地方。特别是身处紧张的考试环境中要保持冷静、放松，遇到不会的考点，想一想与之相关的学习内容。实在没思路，就应暂时放下这道题，把注意力转移到其他题目上，以免耽误太多的时间，也许过一会儿灵光一现就能得出答案，也有可能在做其他题的过程中受到启发而茅塞顿开。

三是做到言传身教。要注重学习细节，不要走马观花，做事脚踏实地，拒绝眼高手低。具体表现在平时的课堂上，就是教师要做到规范书写、完整表达。

四是多换位思考。要多站在学生的角度看问题，对学生少一些苛求，多一些理解和宽容，倾听学生的心声和反馈，用智慧和理性去理解学生。

前路漫漫，教师也是学生，要一直将学习放在心上，行在路上。

【同伴点评】

读着杜老师的这篇文章，心情莫名地有点紧张，毕竟考试怎么会轻松呢？

现在有不少学校都要求年轻教师参与毕业年级的省市检测，有的学校还会让教师和学生同堂考试，尽管这一形式一直存在争议，但是让年轻教师重新体验考试是有必要的。这一举动可以督促教师研究高考试题，把握考试动向，提高教学水平，还可以让教师置身于考场情境，体验答题过程。就如杜老师说的，哪怕是自己感觉准备充分的考试，也会由某一个细节的不顺畅而导致情绪的波动，最终影响答题效果。于是就出现了教师认为简单的任务，学生在试卷上落实时还是错得五花八门的现象。有了教师和考生的角色转换，对待同样的问题，教师就会多一些理解，少一些苛责，多一些解决问题的措施，少一些对错误的穷追不舍。有了这样的经历，下一次当学生向我们解释为什么考砸时，我们就可以心平气和地听完学生的理由，再因势利导地进行教育。

想学生所想、做学生所做，教育需要换位思考，因为我们都是考生。

——工作室主持人：王惠英

相册里的故事

王惠英

不知从何时开始,我喜欢随手拍下学生在校的点滴。除了定期让宣传委员将照片冲洗出来悬挂在教室,让同学们看看自己的形象,我还会把照片发到家长群,同家长分享孩子的学校生活。

一、最美的风景

因为语文老师和英语老师的早自习排课冲突,难得化学课也安排了早自习。原来我一直认为早上第一节是学习的黄金时段,可是当化学课也有机会排在第一节时,我才发现学生最容易犯困的时段竟然是早自习和第一节。有时一节课下来,教师不是在提醒犯困的张三就是在叫醒睡过去的李四。在尝试各种教学手段之后,我决定把早自习搬出教室,走进校园。于是,在事先交代好注意事项和阅读任务之后,我和孩子们的早自习走出了教室,走进了校园的春色里。看,校园里的鸟语花香和学生的书声琅琅是不是更配?

花园里的晨读

二、学生的另一面

小曾和小孔都是从重点班"分流"到普通班来的。单从学习成绩上看，即便在普通班他俩也没有优势，经过考试的筛选，他俩多少都有些气馁，语言上对他们的激励略显苍白。这不，机会来了。年级足球赛中，球场上的小曾和小孔充满了智慧和无畏，摔倒了爬起来继续，球在哪儿，目标就在哪儿；脚受伤了，休整一下，下场再上。球场上的他们是那么自信和阳光，我赶紧把这一幕记录下来。是的，多把尺子衡量，每个孩子都会在特定的场合发光。希望他们在球场上重拾自信的种子，并将其带到学习和生活中生根发芽。

重拾自信的种子

三、谁对谁错已经不重要了

同学之间闹矛盾再平常不过了，可是要处理得让双方心服口服就不能是"各打二十大板"那么简单粗暴，要处理恰当，不能留下隐患。经过多方调解、疏导，事情总算平息下来了。那就将他们的尽释前嫌记录下来，十年、二十年后他们可能都忘记是因为什么鸡毛蒜皮的小事闹翻了，但握手言和、相拥而笑的照片却永远定格在青葱岁月里。学会与人相处，知道互相尊重的道理会潜移默化地影响他们的一生。

尽释前嫌

四、感恩素材随时有

和孩子们朝夕相处3个月的实习老师就要走了。从作业批改、个别辅导到班务管理、两操督促，都有他们的付出，所以孩子们对他们依依不舍。干脆来个微型送别会吧，就定在两段晚自习的间隙。宣传委员布置好黑板，孩子们通过留言表达了对实习老师的感激之情和不舍之意，实习老师为每个孩子送上了写有寄语的明信片并分发了糖果。是啊，今天的实习老师明天会被分派到各所学校，这份感激和感恩的教育不是就可以传到四面八方了吗？

"谢谢您"主题班会

让我们举起手中的相机记录平凡教育教学生活中的点点滴滴，温暖彼此，感动未来。

【同伴点评】

李镇西老师说过："还有什么比点燃一个人的梦想更幸福的事吗？更何况是那么一群孩子。"确实，作为一名老师，尽力去发现一个人、走近一个人，最后撼动甚至改变一个人是值得的。但现实生活往往是平淡的。我和许许多多普通老师一样，寒来暑往，日子并没有什么不同，教案、课本、作业本和铃声是每日标配，每天的节奏都跟学校钟表一样准确。岁月总在悄无声息间流走，于是我常常会觉得自己的工作好像并没有什么特别的意义。

看了王老师的相册记录，我发现教育教学生活其实并没有想象中那么平淡，只是日子久了我们逐渐忘记了那或多或少的点滴感动，但它们都是真实的。清晨校园里琅琅的读书声、同学之间发生小矛盾后的和解、球场上笑对挫折、送别实习老师……别犹豫，随手把教育生活的点滴记录保存下来吧，有空的时候翻一翻、看一看。也许正是因为有了时间的沉淀，偶然回忆起来的时候，我们才会真正体会到青葱岁月没有被虚度，而我们的教育生命在枯叶凋零后也能萌发出新芽。

——工作室成员：王玉婷

己所不欲，勿施于人

代然

子贡问曰："有一言而可以终身行之者乎？"子曰："其恕乎！己所不欲，勿施于人。"意为：子贡问："有一个可以终身奉行的字吗？"孔子说："那就是恕字吧！自己不愿意的，不要强加于人。"两千多年前的智者孔子好似看穿了人心、人性，时至今日，其诸多言语仍如灯塔指引世人。但是凡夫子弟只有犯了错时才恍悟原来古人早已洞悉一切，警示一切，只是自己愚钝罢了。

老师与学生是朝夕相处的两类人，看似紧密联系，实则相距甚远。不知学生是否能体会老师的感受，体谅老师的辛苦，但作为老师，我鲜少设身处地地去感受学生的内心情绪，抑或已经习惯成自然，觉得老师就是该这样说话，就是该这样指出学生的问题。在这样的背景下，我庆幸有机会能再做一次真正的学生，可以站在学生的角度去欣赏老师的教态，品味老师的语言，总结老师的教学方法，借鉴老师的所有优点，当然，也要承受老师的批评。就像很多电影里的身体互换一样，我突然能够感受到做学生的小心翼翼、应答附和、期待表现、渴望肯定，甚至委曲求全。这样的经历，让我开始审视与学生的相处之道，尽量站在学生的角度思考问题。当然，这样的反思源于自己的惨痛经历。

2019年3月，由于恰逢高三冲刺阶段，我错过了研究生正常毕业时间，毕业论文的撰写也就搁浅了。直至2020年寒假，我借着不宜出门的形势，终归还是"熬"出了一篇四万多字的论文。整理格式后我将它发给了导师，满怀期待，希望导师能夸赞一番。导师是我大学本科期间的泛读课老师，高标准严要求是她的特点，但是在她的课上也最能学到东西。几天之后的一个清晨，反馈来了，十几条语音不间断地对我的耳朵进行狂轰滥炸。然后，一个视频电话打来，继续尖锐犀利、抽丝剥茧地批判着我自鸣得意的论文。最后，她留下一句话：你不把这些框架性、方向性的问题改了，今年就别毕业了，明年再来吧！我呆若木鸡地看着挂断电话后的屏幕，心沉到了谷底。参加工作之后，我从来没有被这样劈头盖脸地骂过，恨不得找个地缝钻进去，或者关上门大哭一场。或许是老师当久了，习惯了批评别人而禁不住被批评了。思维这个虚幻的东西总是让人捉摸不透，偏偏在这个时候，我想起了本届的学生小T。

小T给我的印象不太好。她平日直言快语、大大咧咧，爱钻牛角尖，常提出令人哭笑不得的反问，引起公愤却不自知。在上直播课期间，她还常有迟到或迟交作业现象。由于她平日的表现，每当见到她的名字出现在"未作答"一栏时，我都不免生气，打电话催交作业时也带着质问的口吻。在她屡次出现同样问题之后，我的质问更是像连珠炮似的迸发出去，义正词严，让她哑口无言。

然而，现在的我不就是电话那头的小T吗？犯错了，挨骂了，改正了，可心也伤了。导师给我的那种无力感、沮丧感以及自我否定感，我不也施加给过小T吗？也许导师并不认为她的话语打击了我，正如我也不认为哪一句对小T的质问是没有根据的。

在经历了六稿的修改后，我的论文终于通过了导师这一关，被送去评审了。这个过程是煎熬的，每次交论文后的一天或两天时间是最轻松惬意的，因为知道导师不会那么快反馈。但之后的日子，我就如同惊弓之鸟，每每微信铃声响起，总会惶恐地先瞥一眼。如果不是导师发来的，我便长舒一口气，如果是导师的名字，我只得忐忑不安地点开那一条又一条的语音信息。

做了13年的老师，我当然知道我们的导师是最负责的导师。有的导师带的学生最多改到第三稿就定稿了，而我们导师带的学生几乎都改了五稿、六稿。我内心是感激导师的，但是绝不想再经历一次这个过程。想必小T也和我一样，内心知道我是为她的学习操心，但是绝对不会喜欢我质问她的过程。

条条大路通罗马，为了达到理想的彼岸，为何不能选一个让双方都舒适的方式呢？我希望自己以后需要批评、质问学生时，能立刻想起自己当学生被批评、被质问时的窘态，最终平心静气地选择另一种解决问题的方式。

【同伴点评】

读了代老师的"己所不欲,勿施于人",我联想到了三对角色:

第一对角色是学生和老师。作为老师,在对待犯错的学生,特别是三番五次违规违纪的学生时,我也有过劈头盖脸一顿炮轰的经历。结果通常是我的怨气发泄完了,学生要么蔫了,要么也被激怒了。对比自己作为学生,任务完成不好时老师委婉地批评后再对我寄予希望的教育方式,带来的是自己的惭愧不安和主动弥补的态度。不一样的教育方式会收获不一样的教育效果。

第二对角色是孩子和家长。作为家长,我也曾经以居高临下、口不择言的方式教育过自己的孩子,对于孩子的错误,容不得他解释,一顿狂轰滥炸让孩子体无完肤,导致孩子的逆反和抵触。我也尝试过采用"三明治法则"和"非暴力沟通"的方式和孩子进行交流,很多时候是在感动自己、感动孩子的基础上达到了交流的目的。

第三对角色是领导和下属。从走上讲台至今快30年了,我接触过不少领导,也经历过领导不留情面的批评,当时嘴上不说,但心里非常抵触。然而,让我印象较深的是面对自己没达到目标,领导说的那些委婉到看不出批评痕迹的话,它让我心存感激并产生了尽力弥补的心情。

人的性格不同,处理问题的方式也各异。代老师的这篇文章,无疑在提醒着无论是教师对学生、家长对孩子,还是领导对下属,交流或者教育的前提都应该是尊重,目的都应该是帮助其成长。

——工作室主持人:王惠英

听课引发的思考

王惠英

作为教师,你听课时除了关注教师的教、学生的学,还有哪些细节曾引发你的思考?

你是否有过这样的体会:有时候去听一节跨学科的课,感觉很快就过去了,也许你并没听懂,但是课堂氛围好,课后你心情愉快。因为你走进教室,授课教师会礼貌地和你打招呼,学生也会向你问好,你在写字时,还会有学生主动给你递来活页夹让你垫着写。

可有时我们听一节课的感觉简直就是煎熬,因为授课教师的旁若无人和学生的无礼怠慢。尽管有时听的是名师的课,那节课教师设计得很好,专业水平很高,但少了人文关怀的课,相信你也会感觉不舒服。

以前去听课时,遇到授课教师让学生鼓掌欢迎,我感觉很不自在。我认为教师来听节课没必要兴师动众的,悄悄地来,悄悄地走,课堂之外的因素不应该去打扰学生。因为持这样的观点,所以对待去听我上课的教师,除非特别熟悉的,否则我不会主动去打招呼,就当没有外人一样开始自己的教学,可能我想表现一种常态课心理,也想在学生面前表现得从容吧。

直到2016年4月到北京171中学连续听了几节课后,我的观点发生了变化。我们带着谦卑的心态走进171中学的教室。来自边远地区普通中学的我们多少还是有点不自信,习惯授课教师旁若无人地开展教学。但是,当有授课教师面带微笑走到教室后面跟我们打招呼,分发课堂资料给我们时,这种看似很普通的举动却给听课的我带来了非常好的感觉。

于是，坐在教室听课的我突然回忆起自己的一个变化来：初入教坛时，只要有听课的教师，我都会主动问好，下课后会很诚恳地请求其提出意见或建议。从什么时候开始我对听课教师的态度发生了变化，变得旁若无人，没有了问候和交流？我不知道我的怠慢会给听课教师或领导留下什么印象。我平时教育学生礼貌待人要从细节做起，而我展示给学生的却是对听课教师连最基本的问候都没有，学生会从中看出或者模仿到什么吗？想到这，我顿时倍感惭愧！

言传身教，就是对学生最好的教育。在和学生的朝夕相处中，我们的一举一动都在接受学生的关注，我们的一言一行都在被学生模仿，我们要通过耳濡目染的方式去影响学生。

后来，再次遇到有教师进教室听课时，无论领导还是实习生，我都会主动走近打招呼，有时为了调节气氛还会给学生做有趣的介绍，如这就是我们的校长大大，对学校有何建议与要求，可以去找他；这是我们的教务主任，你们要是对老师的教学有意见就去找他；这是我们的政教主任，希望在校三年你们都别被他召见……

除了介绍听课教师，有时我也会抓住时机主动把班级情况或者学生的个性、特长巧妙地介绍给听课教师，如这就是未来的化学老师，他讲题讲得非常清楚；这是我的课代表，最负责的小领导；这是班上的劳动委员，看看教室的卫生就知道她的工作做得有多到位……学生在陌生人面前得到表扬，被认同的感觉好极了。

是的，学校教育不应该局限于特定的课堂教学中，教师的言传身教，其实就体现在一些细微却又平常的人文关怀之中。

【同伴点评】

读了王老师的文章之后，我仿佛看到了自己的影子：刚入职时，如果有人听我的课，不管是出于"心虚"还是"虚心"，我总会在课后及时向听课教师请教改进意见。这才过了几年，我竟然也逐渐有了"从容表现"的心态。

回想自己去听课时享受的不同待遇，突然发现自己之前的"从容表现"非常不合适。当走进一间被以礼相待的教室时，我会以愉快的心情迅速融入课堂，几乎以一个学生的身份紧跟教师的步伐，感受授课教师的抑扬顿挫，课后也有很多收获与思考。如果进入的是一个自己被冷落的课堂，我便会以事不关己的心态去听课、评课，有时候并不能真正领会授课教师的心思和意图，不能体会那种与自己想法不一样的精彩，原来听课的感受不完全来自教学内容。同时，作为授课教师，我们的举止不仅体现了自身的礼仪教养，也对学生具有潜移默化的示范作用。学生的待人之礼，更应该是教师言传身教的结果。由此，我对与不熟悉的教师和学生的相处方式有了一个新的思考：大胆地展示自己的礼仪教养，把对别人的尊重说出来。这样不仅可以赢得尊重，提升自己的修养，还可以为学生树立榜样。

——工作室成员：冯建东

让我记住你的名字

陈薇

你知道孩子是在什么时候感受到老师在关注他吗？是在第一次听到老师叫出他的名字的时候。

因为化学学科周课时安排少，每位化学老师同时任教两到三个班级，接触的学生通常有一百多人，所以不能及时记住学生姓名的情况很常见。我也不例外，于是课堂上我经常用"这位同学""二组第三排的那位女同学"之类的语言来称呼他们。老师记不住学生名字，表面看是小事，其实则不然，不可淡然处之。

人的名字虽然只是个符号，但在人际交往中又不仅仅是符号。生活中，我们与熟人不期而遇打招呼时，都希望对方能叫出自己的名字，同时希望自己能叫出对方的名字，否则彼此之间的寒暄就会让人感到很敷衍。在这种情况下，名字便成了一个人在他人心目中受重视程度的标志。师生之间也不例外。从学生的角度看，能被老师记住并叫出名字，会有一种班级认同感、归属感，会感受到老师的重视与尊重，从而对老师产生亲近感，进而"亲其师，信其道"。反之，学生会感到老师不在乎自己而产生失落感，甚至自卑感，其幼小敏感的心灵会在无形中受到伤害，不利于建立良好的师生关系。从教师的角度看，能记住学生的名字，是对学生人格的尊重。否则，师爱对学生来说只是一句口号。试想，一个连自己学生的名字都记不住的老师，何谈了解学生的心理？又怎能走进学生的内心因材施教？又何谈关爱学生呢？由此可见，老师记住学生的名字有多么重要。

意识到这一点，在每次接手新班级时，我都要求自己尽快记住学生的名字。最常用的方法就是根据学生花名册来记，不熟悉的字先查字典，保证读准音，这是万里长征第一步。还可以让学生自报姓名做介绍，一般每个名字都会有相应的背景或家长寄托的愿望。除此之外，利用座次表或者桌牌的形式记住学生名字也很直观，通过组织"破冰"活动记住学生名字也是很好的方法。其实如果细心观察，每个学生都有自己的特征：有的是相貌，有的是说话的习惯，有的是性格。只要结合这些细节，在短时间内记住学生的名字也就不是一件困难的事了。让我们用心、用情记住每一个学生的名字，这是对学生的尊重，也是我们开展有效教学的保障。

【同伴点评】

读了陈老师的文章，我想起了自己的一次经历。当时我任教高三，和高二年级在同一楼层。每天经过走廊，我都能听到高二学生的问候："老师好！"可有一个男生的问候很特别："王老师好！"只是多加了一个姓，就让我感觉我们的距离近了，仿佛早就认识一样，在众多的学生中他首先引起了我的关注。有一天，我很随意地问他："你怎么知道我姓王？"尽管他声音很大，但因为走廊上嘈杂声音的干扰，我还是没听清楚他的解释，不过看到他自信得像老朋友的表情，我开心地说了声："谢谢你！"作为老师，当被学生记住姓什么时，我们是开心的。记住学生的姓名是让其感觉自己被认可的第一步，也是教师对学生最大的尊重和关心。对了，高二这名男生叫LJL。

于永正老师在《给新老师的20条贴心建议》中说："要尽快记住每个学生的名字——首先记住表现好的和表现差的学生的名字。直呼其名的表扬胜于不指名道姓的表扬，指名道姓的批评、提醒，有时效果更好。"《美国优秀教师行为守则26条》第一条就是"记住学生的名字"。这一看似简单的要求，在优秀教师行为守则中排到了第一位，可见其意义非凡。学生对自己名字的看重也让我想起了两个细节：一个是在新接班一个月后的一次交流中，小吴开心地对我说："老师，我很高兴，你没叫错我的名字。"她名字中的"珏"被不少人叫成了"钰"。另一个是在一次监考时，我看到有个班级的黑板上在学生名字后面注上了拼音，也是这个"珏"字。在和学生的交流中，我曾听学生说过：

"给我们上了一年的课，老师竟然不知道我叫什么名字！"听得出学生语气里有一丝无奈和抱怨。记住学生的名字，无疑为我们打开了教育学生的一扇窗，不仅方便我们开展教学，也是对学生最大的尊重与鼓励。让我们向优秀教师的第一步迈进——尽快记住学生的名字！

——工作室主持人：王惠英

教师的修行

张梦婷

从教两年多，我深深体会到作为教师的不易，内心时常充斥着委屈和心酸。这些委屈有的来自日常工作中的不被理解和不够客观的评价，也有的来自教学中付出后的颗粒无收和学生的不配合。

一、疲惫又迷茫的日常

外人觉得教师的工作很轻松，每天几节课，还有两个假期；家长觉得教师事多，孩子送到学校就应该由教师全权负责，不应该总麻烦家长，家长工作也很忙；课后延时服务也是众口难调，不开展，会有家长觉得孩子回去浪费时间，管教不了，开展，又会有家长心疼孩子，投诉学校。总之，在校的各种琐事都令我十分疲惫。

都说教师是份良心活儿。因为教师尤其是高中教师工作时长远远大于8小时，"7116"（早上7点进校，晚上11点离校，工作6天）是常态，但教师待遇却比较低。于我而言，选择了教师这个职业，待遇已经不重要了，我喜欢这份工作，但是自己付出了很多时间、精力和努力，不仅没有得到认可，还要面对来自他人片面的、不够客观的评价，被人忽视所付出的一切时难免心寒。这让我一时间迷失了方向，失去了前进的动力。

二、一地鸡毛的课堂

走进教室，预备铃已经响过，科代表还未将已经批改的作业发下去。这样的情况经常出现，小姑娘给我的感觉总是迷迷糊糊的，掉过好几次链子，但是她还算负责，态度很好。课前准备没做好，会耽误进度。我压下心头的一点点烦躁，让同学们课前复习5分钟，我正好抽查前一天的笔记整理。首先，我抽查了之前抄袭作业被我发现并教育过的两名女生，两个人低着头支支吾吾也不回话，原来是一点都没整理。我顿时发火了，让她们站起来复习。再往后走，又发现了几个没整理的，于是我让所有没整理的都站起来。我看到陆陆续续站起来了半个班的学生，顿时火冒三丈。我强压着怒火转过身写板书，这期间让学生自行复习，板书写好之后，火气也消散得差不多了。我平和地上完了整堂课。

三、交流和反思后的顿悟

第一个对工作日常的顿悟发生在一次与同事交流的过程中。W老师问我："你觉得领导的认可、家长的认可和学生的认可，哪一个应该放在首位？"毫无疑问，我选择了学生的认可。W老师接着说："是啊，真心换真心。日久见人心，时间久了，和我们朝夕相处的学生一定会感受到我们的付出和用心，这就够了。而学生的认可又可以促进家长和领导的认可。"

W老师的话让我如梦初醒。是啊，作为教师，我们的主阵地是课堂，我们应该享受课堂，享受和学生的相处过程。教师的价值应该体现在学生的认可和喜爱，以及学生在你引领下的进步。抓住问题的关键，把时间花在自己认为对的事情上，剩下的交给时间，一定可以收获一份满意的答卷。想明白这件事情之后，我的心态平和了许多，将更多的精力和关注点放在本职工作上。看来，之前的我还是修行不够。

第二个对课堂案例的反思让我感觉到自己的成长。放在之前，我一定免不了生气，严厉批评学生，发泄自己的不满，事后又后悔，为不能控制自己的情绪而懊恼，接下来可能要持续难受好几天。首先，发脾气并不能解决问题，反而是一种"双输"的做法。发完脾气，学生觉得莫名其妙，表面服从，内心抗拒，并没有起到作用；教师则会感到身心俱疲，越发烦躁，责任心强的教师还会陷入后悔、自责的情绪。其次，教师发脾气，可能会导致严重的后果，如可能会伤学生的自尊心，轻则影响其学习状态，重则损害其人格发展，与教育的初衷背道而驰，还可能会造成不必要的家校矛盾。

我曾在课堂上被气哭过，后来我慢慢地改变了。我学会了遇事先冷静，懂得了急事缓办的道理，明白了在为人师的道路上，无论是与同事相处，还是与学生相处都需要一定的技巧。教师的修行，不仅仅是专业知识的充盈、教学技能的提升，更是心灵的洗礼。让我们与自己和解，做个"聪明人"，做一个快乐的好教师。

【同伴点评】

或许同行才能真正理解同行，甚至相同年龄段的教师才更能体会什么是感同身受。我是在一次学情分析会后看到张老师这篇教育随笔的，所以感触颇深，情感上的共鸣也更多。毕竟，在学情分析会上我刚被领导"提点"了一番。当时我满脸涨红，眼泪瞬间就挤满了眼眶，幸好，我最后把眼泪憋回去了。或许是因为我读书时一直是老师眼中的好学生，工作5年以来也兢兢业业，算是一个合格的教师，鲜少有这样被"公开处刑"的待遇。这让我意识到，作为一名教师，我自身的修行还太浅。

朋友安慰我，给我讲了一个希腊神话故事：西西弗斯触犯了众神，诸神为了惩罚他，便要求他把一块巨石推上山顶。等他把巨石推上山顶时，巨石却因自身重量滚落下去。于是西西弗斯一遍又一遍地推着石头向上，他不断重复、永无止境地做这件事，生命也在劳作当中慢慢消耗殆尽。我问："他每天都这样单调重复地做这件事有什么意义？他不会疯掉吗？"朋友说："我们的人生不也是这样吗？每天都在推着我们的'石头'向上，推完一个'石头'，就要立刻去推另一个'石头'，甚至可能有一堆'石头'等着我们，日复一日，永无止境。其实，每个人都是西西弗斯。"我恍然大悟，原来诸神认为没有比从事徒劳无功和毫无希望的工作更可怕的处罚。可西西弗斯的伟大之处就在于：在这样毫无意义、日复一日的单调重复面前，他一直平静地面对着、完成着，而没有精神崩溃！我们的工作比西西弗斯的工作有意义且有趣无数倍，我们却没有他那样的心态，所以，我们还需要不断修行！

其实在平凡琐碎的工作中，闪闪发光的瞬间、被治愈的瞬间很多。比如，一个画了笑脸、写了"新年快乐"的橙子，一张填满祝福的明信片。再如，一盒出现在办公桌上的"金嗓子喉片",旁边一个可爱的便利贴上写着"给小凤老师:这几天连续上了很多课,希望这个能帮到你!在忙于工作的同时也要照顾好自己呀!"落款是"一位不愿透露姓名的学生"。又如,课堂上某同学把所有人引得哄堂大笑的一句话……这些温暖治愈的瞬间,很多都是来自学生。正如W老师所说的,想清楚我们更需要的是什么,想清楚对我们真正重要的东西是什么,我们才能不那么容易被其他东西束缚,才能拥有一颗更坚定、更强大的内心。

  我想,若有一天我们能够做到像西西弗斯那样在平静和温和中坚持着,像W老师那样在坚定和从容中热爱着,我们就做到了真正的修行!

——工作室成员:李凤

做教师，我们需要学点水的智慧

王惠英

在教育教学过程中，当学生怕吃苦在学习上坚持不下去想要放弃时，我们会鼓励学生要有滴水穿石的坚持；当学生遇到挫折一蹶不振时，我们会帮助学生树立逆水行舟的勇气；在生活中，我们希望学生拥有高山流水的诗意。突然有一天我发现，作为教师的我们更需要这样的坚持、勇气和诗意。

一、滴水穿石的坚持

"贵在坚持，难在坚持，成在坚持"。在毕业年级的教室中，类似的标语随处可见。但是我在耐着性子处理完本学期JZH第3次违纪时，真的想妥协了。耳边是他那"放弃治疗"的母亲说的话："老师，要不你们把他开除吧！"他的母亲得多失望才会说出这样的话？我不是没想过假如班级没有JZH，管理会省去多少麻烦。因为我才解决了他偷窃的问题，他又惹了打架的麻烦，那边在考场才收了他的手机，这边晚自习他手上又拿着一个……每次想放弃他时，我总会想起刚入学时他那胆小甚至有意讨好同学的样子。领书时，已提着一摞书的他紧赶慢赶把前面一个隔壁班男生手上的书接了过来。到教室，我看见他双手被捆书的绳子勒出深深的痕迹。他告诉我上高中了他才第一次来到这儿，很怕适应不了这儿的学习生活，怕不能融入班集体。他一开口说话，我就能听出他确实不是本地人。所以，我在想放弃时总会产生一个念头：他刚来时表现得挺好的，目前的状态不是他真实的样子。于是当一次又一次苦口婆心的长谈，一次又一次家长和老师的"密谋"均看不到他明显的转变，甚至出现变本加厉的现象时，我都在心里默默地告诉自己：再坚持一下，给学生一个机会，也给自己一个机会。滴水还能穿石，希望我碰到的不是顽石。

是的，对于有的学生也许我们坚持三年，他们的好习惯还是没养成，学习成绩还是没有达到目标，好的品质还是没培养出来，但是如果我们中途放弃了，他们还会是现在的样子吗？再坚持一下吧！

二、逆水行舟的勇气

在跟高三学生交流时，不少学生会跟我说，他们投入很多、学得很辛苦，可成绩就是没有进步，有时甚至退步了，真的很气馁。这时，我除了帮助学生寻找原因以外还会告诉学生：现在暴露的问题越多，你要达到的目标就越明确，请相信每一个逆袭都是有备而来！可是作为老师，当面对知识点讲过练过学生仍然出错的常态，看到学生成绩总是达不到既定的目标，承受各种评比的压力时，我们也会很无助、很泄气。怎么办呢？年轻时我会带着情绪抱怨学生辜负了自己，会责备学生让自己失望，这样做的结果是我发泄完了，学生却全蔫儿了。现在面对学生不理想的成绩，我更多的是在学生面前树立迎难而上的勇气，在成绩下发的第一时间告诉学生自己的真实感受，包括困惑、遗憾、失望、气馁等，但最重要的还是下一步的计划和改进措施以及不达目的不罢休的信心。我希望用自己的言行和对待挫折的态度影响和引领学生，让学生体会到无论在学习还是生活中，无论现在还是将来，我们都必须具备逆水行舟的勇气。

三、高山流水的诗意

如果我们能在看似普通的日子时不时地给课堂加点料，如惊喜、礼物、激励、游戏……毋庸置疑，这样的课堂肯定是令人向往的。如果我们理科老师也能在教学中多一些诗意的元素，如对联、歌曲、祝福、散文，这样的老师肯定是受学生欢迎的。

高频考点的题型做了不少，可有的同学还是没有达到目标，还得再练，那就给试卷加个页眉吧："若无相欠，怎会相见。"我希望学生在打开试卷时会露出一丝会心的笑容。我希望教学中的解题模型是学生通过练习自己归纳总结出来的，那就在练习的页眉写上"观千剑而后识器，操千曲而后晓声"，让他们体会在练习中总结的重要性。在公布3班有两名同学省统测成绩在80分以上排名年级前五时，不少同学都发出赞叹声，我没有更多的评论而是转身在黑板上写道："临渊羡鱼，不如退而结网。"

新学期第一课怎么上？特别是高三下学期的第一节课怎么上？先来段酝酿已久的开学寄语吧。

致3班亲爱的你们：

　　人生的高度在于自信，

　　心灵的宽度源于承受，

　　面对高考，你们需要足够的自信和抗挫能力。

　　所有的逆袭都是有备而来，

　　所有的幸运都是努力埋下的伏笔。

　　既然选择了高考，

　　就要全力以赴，

　　而不是尽力而为。

　　愿每一个整装待发的重新开始，都是岁月里的为时不晚！

　　同学们，加油！

开学第一课，作为老师的我同样很兴奋。我提前进教室在黑板上一笔一画地写开学寄语，同学们自觉地安静下来跟着一字一句地读。读完了我问同学们最喜欢其中的哪个词或者哪句话，有的说喜欢"所有的逆袭都是有备而来"，有的说喜欢"每一个整装待发的重新开始，都是岁月里的为时不晚"。然后，我对同学们说道："喜欢就去践行。"

送完开学寄语该送礼物了。我拿出精心准备的书签让同学们抽，书签上是激励同学们的话语：逆水行舟、未来可期、有志者事竟成、旗开得胜、迎难而上等。看着同学们高兴地把书签小心夹在化学书里，我想在这段最苦的日子里，我们应该会有不少快乐！

下午第一节课的首要任务是唤醒学生。最初我是提前5分钟给学生播放既有化学特色又有青春气息的MV——"那些年我们学过化学"，这可是学生百看不厌的素材。过了段时间，我就换成了点歌，我先储存好15首歌，这也是我无意中收集到的最适合学生听的歌，我指定一名学生来点他喜欢的歌，这算是给学生的一个福利吧。后来，我选择播放高考励志视频，有时三五分钟的视频让学生看得热血沸腾或热泪盈眶。再后来，我又带领大家做"拍拍操"，分组来做，跟不上节奏的就继续和下一组做，这对醒瞌睡效果特别好。我还用"击鼓传花"的方式来夸同学，传到谁，谁就负责夸被指定的同学，要说出他的3条优点。这些方法交替使用，目的是让课前的这几分钟真正起到唤醒和热身的作用，同时给枯燥的备考复习加点料。

如何激励学生？我也做过很多尝试。在各次正规考试中，学生能考80分以上，我就变着法子激励他们，也想让他们带动更多的同学。我有时给学生送名校卡片，有时给学生送笔筒，有时送漂亮本子。对在2021年全省统测时化学考80分以上的三名普通班同学，我就送上电影票让他们周末去放松一下，这引来了不少同学的羡慕。当然以上所采取的措施是为不同的时间节点和教学内容服务的。为了满足不断发展的教学和不同个性的学生的需要，作为教师，我们要与时俱进，不断创新，提高自己的修养，丰富自己的内心，储备足够的素材。

作为教师，我们确实会遇到专业发展和教学管理方面的困难，要承受来自上级的评比和社会监督的压力。面对困难和挫折，我们多学一点水的智慧，让滴水穿石的坚持和逆水行舟的勇气激励自己，感染学生，不断学习、不断创新，把看似平淡的教育教学生活点缀得如高山流水般地富有诗意。

送给学生的书签

【同伴点评】

我们常说,教育需要智慧。那么,何为智慧?何为教育的智慧?如果说教育的智慧来源于可教的信念,那么"可教"则主要靠教师自身的品格和才学去影响学生。本文中,王老师结合自己的教育故事,给我们展示了她自身的教育智慧——滴水穿石的坚持、逆水行舟的勇气、高山流水的诗意。

面对不断惹是生非的学生,王老师没有放弃,而是告诉自己要坚持,要给学生一个机会。滴水穿石,一年、两年、三年,在教师的引领和影响下,这些学生的行为习惯即便达不到我们理想中的目标,也不会更差。

面对不尽如人意的考试成绩,学生泄气,教师也会气馁。可是抱怨和指责都没有用。王老师言传身教,用自己的行动告诉学生:面对挫折和困难,要有逆水行舟的勇气。

面对枯燥无味的备考复习,我们不妨学学王老师,利用对联、音乐、视频、游戏、演讲、祝福等小活动让自己的课堂多一些诗意与趣味,唤醒学生的大脑,激发学生的斗志,让他们能在轻松愉悦的氛围中更有效地学习。

同为教师,在教育教学中,在遇到教学或管理方面的困难时,我们需要学习王老师滴水穿石的坚持和逆水行舟的勇气,努力探索,积极尝试,从而克服困难。同时,我们应该不断学习,勤于积累,让自己的课堂拥有高山流水般的诗意。

——工作室成员:张梦婷

在倾听、引导中开展有温度的教育
——我与学生在《见字如面》中的交流

王惠英

曾几何时，我们不知不觉地把教师当作权威的象征，教师讲、学生听成了铁定的事实。曾几何时，我们独断的态度阻断了多少学生欲言又止的心里话。我们和学生之间要么上演着"皇帝的新衣"，要么演绎着"最熟悉的陌生人"，让彼此憋出"内伤"。一路走来，我们是否讲得太多，听得太少？

倾听，属于有效沟通的必要组成部分，以求达成思想一致和感情通畅，广义的倾听包括文字交流等方式。《见字如面》的书面交流比师生之间面对面的谈话更能体现学生的主动性。因为《见字如面》一般都是在学生主动自愿的前提下书写的，所写内容能较真实地反映学生的所想所思，学生在描述过程中也多了对陈述内容的思考和表达方式的斟酌。遇到冲动、不理性的事件，通过笔尖表达的过程还能起到缓冲和冷静的作用，而且由学生谈及话题让教师来参与的方式，更容易被学生接纳。我和学生之间通过《见字如面》进行了十多年的交流，从中我体会到教育若是立足于倾听，师生便会感受到它的温度，而带着温度的引导会更有效。学科教学如此，德育教育也如此。

一、倾听，让教师走进学生心里

高中阶段师生共处3年，师生之间的交流基本是以学习为中心辐射的。辐射范围取决于师生关系，师生交流的内容、方式和氛围。高中生在面对学习上的困惑、同学相处的困扰、早恋的烦恼以及单亲家庭带来的问题时，其实很想找到信任的对象进行倾诉并得到指点。

YJ说：高三的我，就是一个疯子。最近，不，自开学以来，我怀疑自己是不是快疯了。我的情绪可以在短时间内由阴转晴，由晴转雨。有时，我会因为一点小事就感觉心里堵得慌，这是压力造成的吗？我很焦虑呀……

我不想看到父母脸上的欣喜转为无奈。母亲每天都会和我"分享"某所985高校的录取分数：从开始的600分一直到现在的670分。如今，我看着我这360多分，想自己几时才能400出头？我的压力比压在孙悟空身上的那座山还大。我知道父亲对我期望很高，每当我拿起课外书时，父亲总会说："别把你的眼睛浪费在这些无用的东西上，快去做作业。"我有时也想对他说：我也会累的，好吗……自从进入高三，我真的觉得自己快被压力征服了，在繁重的学业下被挤成碎片，然后被时间抛弃在过去，让人不屑一顾。

许多话哽咽在心头说不出口，那就下次再说吧！

PS：最近头发掉得特多，吓得我都快不敢梳头了。

这是那个看着没心没肺、带点逆反、谈个恋爱都要让全年级知道的YJ吗？

看完这篇日记，我仿佛看到她因为来自学习、家庭和身体的压力而快抓狂的样子，除了着急更多的是心疼。我庆幸我此时听到她的倾诉，还不晚！我该怎样帮助她呢？我想除了给她减压，还要及时和她父母沟通，还要和同班教师沟通。这么敏感的孩子更需要在一个充满信任、轻松自信的氛围中为自己的目标努力。这样的情况在高三学生中不是个例，不敢想如果我们都忙于带着孩子们在题海里遨游而忽视他们的心理感受，那么高考备考中会有多少学生的心理被扭曲？

通过《见字如面》建立的平等对话平台，我改变了曾经很固执的一种观点，即学习成绩好的学生多数情商低，主要表现在对老师的热情和毕业后与老师的联系。对于2017届的XY，年级成绩最好的学生，高一、高二两年我也赞同以上观点，他不会主动跟老师问好，偶尔找老师问作业也是一副"公事公办"的样子，当然也很难看到他的笑容。我对他的家庭背景的了解也局限于初三时他父亲突然病逝，他和母亲相依为命。直到进入高三开启了《见字如面》，在一次看到他近3000字的叙述后，我才对他的身世、家庭背景有了全面的了解，才知道影响他性格的因素。对于父亲突发疾病去世，他内心充满了恨。

XY说：悔恨之后是怨恨。说实话，到现在为止，我承认我恨那个环卫工人，我恨那群下班工人，我恨那群趾高气扬的警察，我恨那群草菅人命的医生，我恨这个冷漠的世界……

对于他自己的生活，他是这样描述的：

潮湿阴暗的房间，半夜要忍受疯狗的狂吠和烧烤的油烟，或是蟑螂老鼠的骚扰，或是半夜起来舀因下水道堵塞而淤积的水、接漏下的雨水。住在这里的这么多年里，父亲在某一天突然离我而去，我受到同学们的笑话，这期间，我得过肺热、荨麻疹、阑尾炎、皮下毛囊瘤、慢性咽炎、溃疡性结肠炎……

在了解真相后，作为老师，你还会责怪他平时的寡言、见到老师的冷漠以及与同学相处时的冷傲孤僻吗？当然不会，取而代之的是一种非常紧迫的责任感：作为老师，我有责任去关注、去干预这个孩子的心理，去影响、去引导他；我有必要去跟他的母亲交流，引导孩子向上、向善；我有必要跟他的班主任交流，从年级到学校给予他经济上的帮助。我希望这些正面的关怀能冲掉他身上太多负面的情感，希望在得到他信任的基础上，我们之间可以开展有效对话。同时，我深深地意识到：别被尖子生的学习成绩蒙蔽一切，关注尖子生的心理太重要了！每个外显的性格背后都能找到内在因素的必然。当发现某个孩子最近变化异常时，我们除了向其家长了解情况以外，还可以给孩子一个机会，让他尽情地倾诉或发泄，也让自己心平气和地做一次听众，建立在倾听基础上的理解会更接近事实真相。倾听，是我们走进学生心灵最好的途径。

二、倾听，让学生走近教师

老师，我还想向您倾诉一个小秘密，我想老师应该猜到了吧。没错，就是一般高中生无法避免的情感问题。我觉得我似乎喜欢上了一个人，可是却在一点儿也不确定的情况下就冲动地向他表白了。我俩虽然现在还是朋友，但是再遇到时却难免尴尬。我真不知道该怎么办了。不知道是一直维持沉默状态好还是打破尴尬好，每次都想好了，下次见到他一定要问候一下，可是再次见面时勇气瞬间消失。老师，您说我该怎么办？

这是高三的一名女同学在写完《见字如面》后另附纸张写的。试想，如果没有搭建和学生书面交流的平台，她会有勇气向你说出这些吗？

曾经的我认识了一群狐朋狗友，从此染上了一些恶习。曾经的初三日常就是刷题，当题目做到有一种头昏脑涨的感觉时我就和几个朋友出去抽一根烟。我戒烟主要有两个原因：一个是为自己的目标，另一个是她，她不喜欢烟味。她傻傻的，最近还把自己弄感冒了。我每次和她聊天都很开心，虽然有时只能说上一两句话，但真的很开心，开心到飞起来……

这是一名高一男生在《见字如面》中写的。如果之前没有建立平等交流的平台，没有安全和信任的言说环境，学生是不可能和你说出这些秘密的。

在和学生的日记交流中，我经常能看到学生在日记结尾写道："感谢老师耐心的倾听。""感谢老师能看完我这些唠叨。""老师，今天的交流主要是想向你发一下牢骚。"有的学生署名为"一位希望被重视的学生"，还有的学生开篇就写道："先不落名，老师您边看边猜我是谁。"可以看出绝大多数学生内心其实是信任老师的，他们也很想走近老师。通过《见字如面》建立的交流平台，学生在没有干扰、不被打断、没有目光注视的环境中，多了一份安全感和从容，可以把隐藏在内心深处的纠结和难于启齿的问题倾诉出来。在这"你说，我听"的过程中，学生和教师之间的距离正在慢慢拉近。

三、倾听，让引导散发温度

关于倾听，有时候你只需要做一名耐心的听众。但更多的时候，倾听的目的是有效地引导。有不少学生在日记结尾写道："一个迷失在当下的学生。""想得到老师的帮助。""期待老师的回复。""老师，您说我该怎么办？"……可以想象学生在接到你传给他附有你们之间对话的日记本时的那种期待和小心翼翼。他想看看，他说的话题得到共鸣了吗？他的疑问得到回复了吗？他的观点得到认同了吗？如果还能看到老师幽默风趣的话语，你可以想象学生忍俊不禁的表情；如果看到老师细心列举了自己许多闪光点，你可以想象学生一天甚至一段时间都会处在一种被认可的愉悦中。

YJ：高三的苦和累、高三的委屈和心酸我最能体味，因为我儿子也经历过高三，因为我现在和你们一起并肩作战。有时，我也会因为太多的付出与微弱的回报而沮丧，甚至产生过放弃的念头，可当真的迈出哪怕只是懈怠的一步时，我会感到更大的不安。只有付出后的收获才能治疗恐慌，哪怕是微不足道的一点点，你也是这样吧？所以我们最终都不会放弃的！是吗，YJ？

这是我在高三的YJ所写的日记中的回复。比起那些铿锵有力的豪言壮语，我的引导温柔中带着坚定，坚定中带着温度。我觉得这对于敏锐脆弱的女生而言更有效。

当然，尽管倾听为引导提供了有力的依据，但教师的引导仍然离不开技巧。因为倾听后的引导既要让学生体会教师对他的尊重、赞赏，又要让他接纳对错误认识的纠正甚至批评。在和学生的交流中，我比较喜欢的是"三明治法则"，就像核心内容夹在中间层的三明治：当向学生提出建议尤其是批评时，为了让对方能够接受，我在表达自己的核心意见前，先对对方的相关意见表示理解和赞赏，意见表达完毕，再给予希望和鼓励，让其在保持愉悦的心情的前提下接受我的引导和建议。

通过《见字如面》的书写，我学会了耐心倾听学生的倾诉，在倾听中师生之间的距离在慢慢拉近。而建立在倾听基础上的引导，带着温度去影响、感染和熏陶学生，达到了在无说教痕迹的交流中开展心理健康教育、学法指导以及让学生树立正确的人生观、价值观的目的。

【同伴点评】

书面交流是一种很有效的沟通方式，尤其是在与孩子的交流方面，能起到"润物细无声"的效果。书面交流或书信交流比较有代表性的就是脍炙人口的《傅雷家书》，这本书以书信的形式把一位关心孩子成长的父亲的话以朴素、平实的语言记录下来，至今仍是教育孩子的经典之作。本文中王老师通过书面交流的方式，倾听了学生的心声，了解了学生特定行为背后的原因，让教师与学生之间的距离得以拉近，从而以学生喜闻乐见的方式达到引导、教育的目的。文字中流淌着的是王老师对学生的关心与爱护，跳跃着的是王老师对学生的真心、真情。不得不说，做王老师的学生是幸福的。

青春期的孩子渴望被看到、被听到、被尊重、被关注，可能教师不经意间的一个微笑、一句鼓励，就能在孩子的心中泛起涟漪。当然，这时的他们对外界也开始有自己的观点、想法，采用说教的方式对他们来说作用不大，还有可能会激起他们的逆反心理。这个时候我们不妨向王老师学习，以书面的方式与孩子们交流，采用"三明治法则"，先对学生的观点表示理解，在此基础上对学生的问题进行分析，最后给出期望，这样基于理解和尊重的交流也更易被学生接受。当我们用文字将自己最柔软、最真诚、最善良的一面展示给孩子们时，孩子们也能真真切切地理解教师、信任教师，也更愿意与教师交流。

——工作室成员：刘湘菊

这就是教育的意义

王惠英

美好的季节可能会遭遇窝心的事，不经意的善意也可能会把美好传递。

一大早看到工作群里针对我的留言，我真是丈二和尚摸不着头脑：为什么有那么浓的火药味？仅仅是因为头天晚上我咨询实验的一条信息吗？看着群里的一条带着挖苦和怒气的信息，我承认我一天的心情受到了严重的影响。

晚上，我再次想到早上的委屈，越想越气，就发了一条朋友圈记录自己的心情，几分钟内就得到家人、朋友和同事的关心和安慰。其中就有小徐，她连续发了几条私信，焦急地问我：发生什么事了？可以打电话给我吗？看到这些信息我瞬间被温暖包围了，之前的委屈被感动和惭愧代替，我连忙把朋友圈发的信息删除了。

小徐是两个月前刚刚走出中学校门的学生，现在上大一，去年高三我接班时是我的科代表。虽然只相处了一年，但是我们通过书面交流相互之间建立了很深的信任，我们交谈的内容很广，包括他身体所患的疾病、家庭成员的关系、学习上的困惑以及早恋。他曾经为了挽回一段不可能的感情想要采取不理智的行为：他想去找对方的母亲表态，想请假到几十公里以外对方学艺术的学校问个明白。我在帮助他分析女生心理和对方的种种表现以后说服他放弃了愚蠢的行动，让他保留一份自尊。在他因为成绩迟迟没有长进而沮丧地垂着头说找不到努力的意义时，我一边帮他分析成绩一边帮他制定目标和措施，还不忘挖掘他哪怕一丁点儿的进步。在接到录取通知书时，他和家长为是否复读产生了分歧，这时他想到的仍然是听听我的建议。在一年的相处中，他遇到烦恼总会想到我，哪怕有时我也只是作为一个倾听者，但是我享受着被信任的幸福，他享受着倾诉后的释然。

我原以为，为学生排忧解难是教师的责任，教师在学生面前是以强者姿态出现的。可是教师也会有脆弱的时候，也会有需要关心和安慰的时候。昨天你教给学生要向阳而生，今天他们就会在你沮丧时给你一个温暖的拥抱。小徐还在信息里写道：现在我看待很多事都不会像从前那样偏执，我学会了冷静、乐观和包容，这是从您那儿学来的。一句"从您那儿学来的"听得我惭愧不已却又满心欢喜。是啊，源头之石，可以改变河流的走向。

作为教师，你教给学生用积极的态度和方式去面对生活，有一天传递到你身上的就是当初你对学生表达的观点，你感受到的关爱和温暖也是当初你所付出的。在沮丧时需要安慰、在迷茫时需要引领、在疲惫时需要被温柔相待，你需要被怎样对待，那就怎样去对待你的学生。让爱在彼此之间传递，这就是教育的意义。

【同伴点评】

百度百科解释，教育的意义指的是让人明白作为一个人需要对人类社会承担的责任和义务。一个人只有明白自己的责任和义务，并履行自己的责任和义务才能成为一个有用的人，这就是教育的目的。简而言之，教育的意义就是培育有用的人。这是对社会、对家庭、对学生而言的意义。

那么对教师而言，教育的意义又是什么呢？一方面，通过讲授知识，传授学习方法，教师的人生价值得以实现；另一方面，学生就像一面镜子，你给他们什么东西，他们就会给你什么样的回馈。教师付出温暖和爱，将来也会收获意想不到的惊喜和关心，就如小徐用曾经从教师那里学到的积极的态度和生活方式开导和安慰现在失落的教师。

在教师生涯中，我们要做的最重要的事只有教书和育人这两件。教书易，育人难。育人，其实就是做人。教师理应做个正直的、有积极情绪的人。一位情绪稳定、精神饱满的教师，总是那样富有朝气、充满活力，总是那样热爱生活、奋发进取，总是那样乐观向上、精力充沛，总是那样自信豁达、具有吸引力。这样的教师，是学生的精神偶像，也是学生的情感归依和心灵支撑。

作为教师，我们要付出自己的热情和爱心，为学生充电、续航，帮助其展翅高飞，扬帆起航。路遥知马力，日久见人心，唯有真心才能换回真心。这样学生便会在日积月累、潜移默化的影响中，在教师给予的爱的滋养下茁壮成长。

　　我也曾经感受过学生带给我的温暖，当时不太明白这也是教育于我的意义之一，而且是非常重要的一种意义。付出不一定有回报，但一定有收获。正如文中所言，你需要被怎样对待，那就怎样去对待你的学生。让爱薪火相传、永不熄灭，这就是教育的意义。

——工作室成员：张梦婷

和学生分享秘密后的思考

王惠英

作为教师,你和学生之间除了学习上的交流还会谈点什么?如果学生愿意和你分享他青春期的秘密,分享后会引起你哪些思考?当越来越多的高中生愿意和我分享他(她)与异性交往的困惑、感受时,我也越来越多地意识到我们的常规教育中缺少了什么。

一、补上一节课:和异性交往要学会保护自己

周一下午一进办公室我就看到办公桌上放着一个粉红色的信封,我很好奇,什么时候放的?谁放的?应该是午自习期间放的吧。我打开一看,是YX写给我的。她说,周末晚上去给同学过生日,其间有个隔壁班的男同学喝多了,之后这个男同学让她陪他出去取钱,走到一个光线较暗的巷道时他把她拉进去并且强吻了她……她不敢跟父母说起此事,整个周末都惶恐不安。周一早上再次见到那个男生时,YX竟然去问他是否记得周六晚上的事,男生说他喝多了,脑子断片了,问她想怎么办。YX说这个周末自己都很害怕,特别是再次路过那条巷道时腿就发抖……看完信,首先YX的反应有点出乎我的意料,我原以为现在的高三学生什么没见过,至于有这么大的反应吗?再说谁会把这样的事情小题大做呢?可当回想起今早课堂上她魂不守舍的样子,还有走廊上两个女生围着她嘀咕什么的场景时,直觉告诉我她是遇到麻烦了。庆幸的是事情的发展还不算严重,她及时告诉了我。于是,我决定当天和她面谈一次,刻不容缓。

这件事之后，我一直在思考一个问题：对于中学生特别是女生，和异性交往时如何保护自己，应该是一门必修课，可她们应该在什么阶段修？谁给她们讲？我想这门课，家长和教师都不能缺席。作为家长，我们应该反省一下，我们跟孩子谈了无数次的人生、无数次的理想，但我们是否在孩子不同的年龄段跟他们谈过如何保护自己？为什么事情发生了孩子不敢跟父母讲？因为父母没有向孩子保证无论发生什么事情，只要向父母讲明真实情况，父母都不会怪罪；父母没有向孩子承诺无论遇到什么麻烦，父母绝对都是最值得信赖的坚强后盾。作为教师，我们开展的安全教育是否有针对女生的有关和异性相处时怎样保护自己的内容？别认为孩子都懂，教师在课上讲过练过很多遍的内容不是仍然有学生出错吗？家长朋友，别总认为学校教师什么都会教，这方面的教育由母亲来承担是不是效果更好？教师要考虑到不是每个孩子都有负责的家长，让我们家校合力，让孩子远离伤害。

二、传递一种观点：爱而不得是常态

今天的《见字如面》是ZHY写的。交流本中除了写最近学习上的一些困惑以及宿舍里发生的一些小插曲外又附了一张便笺纸，显然这是想跟我私聊的内容：老师我想向您倾诉一个小秘密。我想老师应该猜到了吧？没错，就是一般高中生无法避免的情感问题。我觉得我似乎喜欢上了一个人，可是却在一点儿也不确定的情况下就冲动地向他表白了。虽然现在我会安慰自己说喜欢和表白是我的权利，拒绝也是别人的自由，可心里还是挺失落的，而且再次遇到他时难免尴尬。我真不知道该怎么办了，不知道是一直维持沉默状态好还是打破尴尬好。我每次都想好了，下次见到他一定要装作若无其事地问候一下，可是再次见面时勇气瞬间消失。老师，您说我现在应该怎么办呢？

之前我对高中生做过一个问卷调查："你会跟谁谈论你喜欢的异性？"排在首位的是好朋友，教师是排在最后的。原因很简单，怕教师说教，怕教师告诉家长，怕教师秋后算账，怕被当作反面教材。所以，在学生向我透露这方面的信息时，我都会谨慎处理，在认真思考后给出建议。换作自己的孩子，父母肯定也希望孩子能跟教师交流，毕竟教师能把握方向，给孩子正确的引导。

可是如果学生对教师没有足够的信任，这样的秘密他（她）是不会说给教师听的。在给ZHY回复之前，我私下了解了她喜欢的是谁，那个男孩似乎对她不感兴趣。我给她的回复不少于一篇正规作文的字数（800字），交谈内容围绕"人生，爱而不得是常态""你若盛开，清风自来"。

给学生的回复结束后，我的思考仍在继续。我听说过不少恋爱分手后放出狠话不让对方好过，也听说过分手后萎靡不振甚至自暴自弃而影响高考的案例。我庆幸ZHY用了一种比较明智的方式——与老师交流。是的，如果我们能在和孩子相处的这几年中告诉他们爱而不得是人生的一种常态，要正确对待得失，那么，当他们走出中学校园，离开我们的视线时，我们也就多了一份安心。

三、肯定一种动力：它来自不确定的对象

今天的《见字如面》是一个男生ZHY写的：曾经的我认识了一群狐朋狗友，从此染上了一些恶习。回忆起去年初三的日常就是刷题，当题目做到有一种头昏脑涨的感觉时我就和几个朋友躲进卫生间抽一根烟。上了高中后，我意识到我必须改掉这些坏习惯专心学习了。戒烟主要有两个原因：一个是考虑到自身的健康，我多少能意识到吸烟有害健康；另一个是她，她说她不喜欢烟味。她傻傻的，最近还把自己弄感冒了。我最开心的事就是和她聊天，虽然有时只能说上一两句话，但真的很开心，开心到飞起来。高二她可能要去读文科。我想在这一年中好好学习，还有就是多在意她……

这算不算中学生比较文明的情话？看得我都不好意思了，想不到平时不善言辞一脸耿直的ZHY会说出这样的话来。当然，我还是先了解了他喜欢的是谁。如果是你，你会怎么处理？你总不能不准他喜欢吧，何况这已经成为他前进的动力了，为何不再助推一把让他朝着更优秀的方向迈进呢？我们不能界定这是否属于早恋，也许这只是他的一厢情愿，可那又有什么关系呢？因为此时的他至少心里是有光的。他把喜欢异性这么私密的事告诉我而不希望让他的家长知道，说明在学生心目中喜欢异性是被多数家长排斥的。我在给ZHY的回复中强调的观点是：你的自律会赢得更多的关注。最后，我提出希望：让这股来自她的动力能让你变得更优秀。

其实，当喜欢异性的感觉在心中产生时，学生有欣喜也有困惑，但碍于家长和学校的要求，很多学生不敢和父母、老师交流，于是错过了得到正确引导的时机。清华附中特级教师王君说：教育，如果敢于教情教爱，我们的孩子，是不是会多一份快乐和幸福？我们应该给予正处于青春期的中学生以指点和关怀，别让他们在物质丰富的今天承受情爱教育的缺失。

所以，当学生愿意和老师分享他们的秘密时，作为分享者的老师也承担着自己的责任，是引导和影响的责任，是作为学生在迷茫时的引路人的责任，是用自己的言行以及正确的人生观、价值观通过文字交流潜移默化地影响学生的责任。

【同伴点评】

读了王老师的文章，我首先为那3个学生感到庆幸，庆幸他们在最无助、最困惑的时期能得到王老师最耐心的倾听和最适切的引导。我也羡慕王老师可以如此地被学生信任，能让学生把最私密的情感向她倾诉。

文中王老师通过3个学生和她分享的小秘密，有针对性地分别传达给学生3个观点：①女生在与异性相处时要有保护自己的意识；②爱而不得是常态，要正确对待得失；③肯定不确定对象的动力，始终朝着好的方向发展。可以说，这3条建议对每个学生的成长都是极为必要的也是极为重要的。但是如果不是在学生主动倾诉的前提下，教师以说教的方式传达给学生，他们又能听进去多少？如果王老师采取生硬干预的方式，学生以后便不会再主动向她倾诉。所以，好的教育只能在合适的时间、合适的事件以及合适的沟通方式下发生。

青春期学生与异性相处的问题一直都是我们教育中的重点，也是难点。它难在学生不愿或不敢与老师交谈，难在老师的处理方式学生不能接受。而王老师的处理方式给了我启发，面对面难以启齿的内容可以通过书面形式来交流，营造坦诚交流的氛围，让师生之间的交流畅通无阻。面对学生与异性的交往，老师首先要学会换位思考，先接纳学生的情绪感受，再给予他们正确的引导，这样才能取得学生的信任，学生也才愿意接受老师的指导和建议。

美国著名心理学家斯金纳说过："当所学的东西都忘掉之后，剩下的就是教育。"我们传授给学生的书本知识，也许若干年后他们都会忘记，然而我们给予他们的自我保护的教育以及关键时期的引导，也许会让他们记忆良久，并对他们产生深远的影响。

——工作室成员：刘湘菊

享受职业带来的幸福

王惠英

年过五十的教师碰到一起，不可避免的话题是：还有几年退休？我也会不经意地计算退休时间和憧憬退休后的生活。可是在一次外出活动中，有件小事却改变了我的心态和观念。

那是一次全市教学质量评估活动，工作结束时已到午饭时间。邻校的肖老师却要忙着赶回学校，同行的老师都极力挽留他吃过午饭再走，最终他勉强留下。午餐过程中肖老师不经意的一段话让我记忆犹新，他说："我还有五年退休，所以现在要抓紧时间好好享受我的学校生活。"我们都知道他所说的"享受"不是万事不关心的躺平，而是把时日有限的学校工作当作享受。说者无心，听者有意，这句话触动了我。是啊，我的退休年限也进入倒计时了，我也应该好好享受我的学校生活，珍惜退休前的这段时光。

一、享受自己的岗位

每当去参加面试或者招考，看到青年人为角逐一个岗位所付出的艰辛时，我总会暗暗庆幸自己在喜欢的行业中还有一席之地。曾经我的理想是当一名治病救人的医生，无奈高考分数不够高。但自从走上工作岗位，我越来越喜欢教师这一职业，有时甚至悄悄感谢当年医学院的不录之恩。我珍惜学生那一声"老师好"带来的身份认同，我满足于从四面八方传来的一批又一批成长的、成才的学生的消息。

尽管有时我也会因为年龄渐长给工作带来困难而感到沮丧，也要面对学生三番五次犯错时的无奈，也会有尽力之后不令人满意的成绩带来的无力感，还会遇到学生家长的不理解、不支持，当然还要应对上级的各种考核评估，但是我知道每个行业都得面对不同的挑战，付出不为人知的艰辛。做教师，我没有冠冕堂皇的理由，就因为喜爱和适合，走过半生，我仍然对我的教师岗位充满敬意。

二、享受学习的机会

以前对外出学习没有太多的感触，最初只觉得那是一种福利。年轻时的学习大多是被动的，学习的模式也很单一，学校派出去集中学几天，兴奋一阵子，回来之后又回归老样子。信息时代的老教师面临着很大的挑战，为了填满学生的那"一桶水"，教师的活水源头就得通过不断学习来获取。现在的学习形式越来越丰富，线上学习已是常态，拍照、录屏，多数课程还可回放，只要你想学，资源就不会少，令人兴奋的是可以学以致用，学习的价值能很快在教学中体现。除了向外界学习，身边的年轻教师也是现成的学习资源，我们可以向他们学习信息技术的使用，学习教学设计的创新以及生活方式的多样化。学生也是学习资源，一百个学生就是一百种资源，他们当中总有人会把教室多媒体无师自通地调试好后高高兴兴地手把手教会老教师，那些外出参加艺术培训和体育高考的学生还会把自己的经历与老师分享。这一切看似没有学习的痕迹，但回头看时突然发现学习过程已然发生，为师者再把学到的知识和经验继续传递，这一过程本身就很享受。

尽管年龄给老教师的学习效率制造了麻烦，但学习的大门时刻敞开着。一想到通过学习不仅可以丰富自身，还可以发挥传递作用，学习的渠道又那么多，学习的价值能及时得到体现，学习便在不知不觉中成了享受。

三、享受工作的环境

每天行走在书声琅琅、朝气蓬勃、鸟语花香的校园，我感觉一景一物都充满着生机，熟悉而美好：教室里有知识、思想和信念在师生之间传递；跑道上有健步如飞的矫健身影；球场上有把球准确无误地送进篮筐的少年；舞台上有点燃青春、唱响校园、异彩纷呈的表演；办公室里有一群不同年龄、不同特质却有着共同追求的同事，一起聊学生、聊管理、聊成绩，也聊生计，充满学术探讨和教研氛围，但也不乏人间烟火气。

尽管每个人都会有老去的一天，退休的脚步也会不紧不慢地到来，但是老教师仍然可以不慌不忙地应对每天的教学，严谨却不失幽默地写作业批注，心平气和地处理学生的违纪，专业却不失尊重地与家长沟通。人生是一次单程旅行，我们要让每一站都丰富精彩，该到的下一站有它到达的时间。我们该做的就是"享受"每一个教育瞬间，在退休之日能骄傲地说：职业中的自己值得尊重。

【同伴点评】

读完王老师的文章，我想到了苏格拉底的《最大的麦穗》。人的一生仿佛也是在麦田中行走，也在寻找那最大的一穗。其实，眼前的这一穗，才是实实在在的。教师生涯何尝不是这样，无论处于哪个阶段，面临怎样的教学挑战，我们仍然应该立足于现实，真情拥抱眼前的工作，充满热爱。当我们以一种虔诚而敬重的态度对待工作时，工作就不再是负担，不再是压抑，不再是应付，也不再是苦差事，而会变成一种兴趣，一种精神的需要，一种自我价值的实现，一种融入生命的事业。

王老师以"享受"的态度对待教育工作，我"悟"到的是一种博爱、豁达的教育情怀。"享受"，是一种博爱的工作态度，是一种豁达的生活境界。几十年日复一日的工作，会让人产生职业倦怠感，加之教育工作的烦琐性，我们避免不了会产生几分抱怨，忘了回头，忘了品尝幸福。当抱怨学校的各种规章制度限制了我们的自由时，我们不妨换个角度，感谢我们有"受限制"的机会，让我们成为邻居、朋友口中"素质较高、守时、说话算数"的一类人；当抱怨学生无数次违纪让我们头疼、家长不配合让我们无奈时，我们不妨换个角度，感谢这段经历，让我们有机会参与学生和家长的成长，让我们更深刻地领悟到教育中家校应该如何共育。这是我们作为教师、作为家长的必修课。

教师是辛苦的：教书育人一辈子，满脑子都是学生进了退了；教师是骄傲的：我们是富翁，因为我们桃李满天下！学生的进步、家长的认可、同事的帮助、自己的进步，足以让我们感到幸福！做一名享受职业幸福的教师，不仅需要高尚的职业情操和过硬的专业知识，还需要有一颗装满爱的心：无论学生学习好坏，都应该公平、真诚地对待他们。做一名享受职业幸福的教师，要具备不断学习、提升自我的意识，向优秀同行学习、利用各种媒体渠道学习，甚至向学生学习。与时俱进的教师，心中必定充满积极向上的能量。

拥有阳光心态的教师，才能创造出阳光课堂，教出幸福的学生。让我们用宽容和爱卸下心中的那份浮躁，用宽容和爱温暖身边的每一个人，做一名享受教育幸福的教师！

——工作室成员：赵买琴

一位教师能起多大作用？

王惠英

作为一名教师，你想过自己在普通的教育教学岗位上能发挥多大作用吗？是培养出了多少上名校的学生，还是取得了惊人的考试成绩，抑或是转变了多少后进生？可是这些似乎都不是你一人之力可以达成的，还受到家庭、其他教师、学生群体因素的影响。如果我说教师的作用更多的时候仅仅是在改变自己的过程中顺带影响了他人，你会认同吗？你是否会感到一丝沮丧？

一、场景回眸

场景一：

一次高三复习检测后的学情分析会上，面对不令人满意的考试成绩，一开始会议的气氛就很沉闷，主管教学的副校长发言了，他说："针对这次考试的成绩，这次会议的主要目的是请各位老师说说存在的问题，想想如何在剩余的复习时间进行改进，不是声讨大家。"听他这么一说，看得出在座的老师都多少有点自责，感觉自己拖年级的后腿了。理综备课组组长首先检讨自己的失职，然后提出了改进措施。随后W老师发言了，她对所教学科的排名很自责，在找原因时，校长提醒她说简单一点，看得出校长多少有点不耐烦。当W老师说到布置给学生的任务学生不愿去完成时，校长直接打断她的话，一脸不高兴地说道："还在找学生的原因，为什么不多找找自己的原因？在座的有名师、有老教师，多数都是高级教师，你们教出这样的成绩对得起谁？对得起政府给你们发的工资吗？"

校长说完，会议的气氛凝固了，与会的老师都低下了头，谁都没有再发言。看得出大家自责的心态被委屈和不满甚至反感所代替，特别是平时工作很卖力，考试成绩也还过得去的老师也表现出难掩的失望。这个学情分析会的召开究竟达到了什么目的？

场景二：

Y老师抱着答题卡一脸严肃地走进了教室，学生已经事先知道了自己的考试成绩，所以教室里显得比平时安静。Y老师一直在心里提醒自己：要控制自己的情绪，别伤及无辜影响课堂。

成绩反馈和试卷讲评正常进行着。十分钟过去了，Y老师看到学生小X在打瞌睡，在提醒之后继续讲评。二十分钟过去了，Y老师看到小X又打瞌睡了，一直压抑在心头的火还是控制不住地蹿了出来：你看看你的考试成绩，还好意思打瞌睡呢，你要考及格了那我就不管你了，讲过多少遍了还不会，我这么多的投入换来的是什么？成绩还不如别的班级，你们这种状态就是请大学教授来也教不出来……一开始同学们还对小X不能管理好自己表现出不满，随着Y老师带着情绪的宣泄，不少学生开始趴在桌子上，表情也从开始的自责慢慢转变为心安理得，连这次考试中表现不错本来还期待老师表扬的同学也流露出失望的表情。

下课铃声响起，Y老师余气未消地走出了教室。考完试的第一节课，本来计划的抓住契机开展的教育活动也没有实施，这真的应该怪罪于打瞌睡的小X吗？

场景三：

餐桌上已经摆满了可口的饭菜，只等孩子回家了。虽然手机上已经收到家校通发来的考试成绩，尽管很失望，但孩子的母亲还是反复提醒自己：高考不到百日了，要控制好自己的情绪，一定要心平气和，一定要相信孩子，一定要避免一言不合两败俱伤。

刚听到钥匙开门的声音，孩子就兴高采烈地跳了进来，洗手、吃饭。如果平时看到孩子吃什么都很香，母亲自然是最满足的。可是今天，作为母亲却更想听到孩子自己对本次考试的分析。然而孩子好像忘记这回事了，母亲试着挑起相关话题，孩子只是轻描淡写地回了一句："都差不多吧。"母亲稍稍皱了皱眉头，孩子表现得越不在意，母亲就越生气。看着孩子没心没肺地谈笑和对成绩的淡漠，母亲又补充一句："是不是该总结一下为什么老没长进，你看……"话还没说完，孩子的脸色瞬间变了，提高音量说了句："在学校就谈考试，回家还谈考试，能让人安静一会儿吗？"随后放下碗筷回自己房间去了。看着一桌没吃完的饭菜，母亲困惑了：我做错了什么？

接下来的场景可能是：困惑的母亲怪罪于父亲对孩子教育的失职，继而引发了家庭矛盾，抑或是质疑学校的教学质量，导致家校之间的不信任……

二、真相思考

真相一：

新上任不久的校长对学校的发展做了很多思考，也在身体力行地带领教职工做着改变，可是想到教育局刚下达的升学指标，再看看高三复习检测的成绩，不免焦虑。有时候校长的信心其实来自教师，但是当没能听到老师痛定思痛的忏悔、铿锵有力的信心以及绝地反击的措施时，他不仅失去了信心，也失去了耐心，他的焦虑战胜了理智，于是不礼貌地打断了老师的发言，肆意发泄情绪。

Y老师一心想在这届学生中创造骄人的成绩，以证明自己的实力并赢得领导的肯定。对于这次不理想的成绩她很自责，她一再说是自己的教学方法出了问题。作为中年母亲的她，上有七旬老母下有正读中学的孩子，她也有自己的困难，有时候家庭和工作给她的压力导致她都快撑不住了，否则她不会在和好友私下交流时失声痛哭。H老师，都快五十岁了，还那么拼，课间围在她身边的学生是最多的，有问作业的，有交流思想的。晚上七点，学生都进教室上晚课了她才回家。那新来的年轻教师也想让自己的第一届学生有个好成绩，从而打响第一炮。还有，中年教师想通过努力为评职称增加筹码。只是这次学情分析由带着情绪的开始引发了一系列连锁反应，让老师们开始对曾经的付出产生怀疑，对未来的努力也迷失了方向。

真相二：

班上有几个同学在这次考试中终于取得了进步，他们期待着老师也像往常一样把进步学生的名字用红笔写到黑板上接受表扬呢；还有的学生在最近几次的考试中成绩一直不理想，很气馁，他们也似乎在等待着老师的激励和建议；小X上课打瞌睡也不是偶发现象了，他也意识到自己目前的问题就是睡眠不足，也曾采取了一些措施，可总是克制不住，下课后他对自己的表现也很自责。可是，刚受到领导批评的W老师很憋屈，而课堂上打瞌睡的小X又引发了W老师压抑的情绪，于是班上其余学生从老师那里得到肯定和激励的愿望都没得到满足。

真相三：

孩子在回家的路上还琢磨怎样向家长交代这次的考试成绩。他心里也觉得愧对父母早接晚送、一日三餐，只好暗暗下决心争取下次考个满意的分数，让父母少操一点心。想到这，他脸上强装轻松地推开了家门。

母亲最近也看了不少给高三家长的建议，她提醒自己少和孩子谈成绩，别让焦虑的气氛感染孩子，在家多陪伴孩子，等等。母亲也推掉了不少应酬，还从网上学了不少烹饪技巧，虽然孩子的成绩一直不见长进，她也很着急，但是想想那些建议，母亲还是尽量克制着自己。可是这次考试中孩子的成绩也太离谱了，当看到孩子对成绩一副漫不经心的态度，还有一提就反感的表现时，做母亲的又忍不住了。

三、结语

不知从什么时候开始，我们的教育已经变为成绩的奴隶，学校的声誉、教师的成就感以及家庭的快乐全都被学生的学习成绩左右着。在追求分数的过程中，学生、教师和家长的愿望与热情都受到了伤害，我们的精神内在包括思想、情怀、品质和理想也都受到了伤害。这样的形势是不是令人很悲观？也许有人会问：那还能怎么办？以一己之力，能做什么呢？我们上不能改变教育体制存在的弊端、不能改变上级的评价标准和办学理念，下不能篡改学生的成绩、不能左右家长的态度。我们能做的仅仅是改变自己，管理好自己的情绪，让自己的课堂有效有趣，这就足够了！再回到以上场景，我们在面对领导的问责时，多谈谈存在的问题和相应的改进措施；我们在走上讲台时，面对学生说一声：对不起大家，这学期没把你们教好，下学期我会更加努力！或者让进步明显的学生谈谈自己的做法，让其他学生看到希望、找到方法，也许后续的事态就会朝着另一个方向发展。

在教育教学活动中，师生在学习上受挫是再正常不过的现象了，这本身也应当是教育的一部分。面对挫折，当不良情绪通过领导、教师、学生、家长之间的相互关系产生一系列连锁反应时，抽出其中一张"多米诺骨牌"，多米诺骨牌效应就会随即终止。我们每一位教师都可以是其中的那张多米诺骨牌。我们不仅可以抽出身来，还可以抓住契机生发教育智慧，毕竟真正的教育应该是一种精神和责任的传递，而我们每一位教师都是传递者。作为传递者，我们不仅要学会坚持做点什么，也要学会坚持不做什么。

【同伴点评】

我终于可以静下心来认真读王老师的《一位教师能起多大作用？》了。随着文字在脑海中涓涓流过，文中的场景于我来说过于真实且有代入感，甚至让我有些激动。学情分析会上被领导指出教学不尽力、成绩不突出，老师内心其实委屈得不得了；领导经常说老师对学生要多包容、多鼓励，但是自己直面老师的时候也有指责，也会放大不足；课堂上发现学生不合时宜的行为时，老师的情绪会一股脑儿涌上来，然后开始批评、发泄，而学生坐在下面表情渐渐麻木……

此时，我想到了赫洛克效应，即适当表扬的效果明显优于批评，而批评的效果比不予任何评价要好。马克·吐温说过，听到一句得体的称赞，能使他陶醉两个月。每个人在尽心竭力完成一件事情以后都希望自己的付出被别人看到，自己被别人认可。一位老师工作一学期，总会有那么几点是值得肯定的。同样，在课堂上老师不应该仅仅看到某个同学在打瞌睡，还应该看到多数同学在认真学习；不应该只看到那错了的3道题，还应该看到正确的17道题。就像我们自己希望被领导认可一样，学生也需要我们的认可。批评是一门艺术，特别对象是老师时，更要讲究批评的客观公允，同时要将批评与激励相结合，在批评中充满期待。

所以，一位教师能起多大作用？若干年后，学生记得的是课堂上你激情四溢传授的那些知识吗？估计不是，他们记得的很可能是你真诚的一句肯定和赞美，也可能是你某次委婉的批评和点拨。作为教师，我们要充分发挥自己在"教育多米诺效应"中那张牌的作用，弱化过于"功利化"的教育和得失，给予自己正面情绪的暗示，让自己的内心充满阳光，从而帮助学生通过正面强化来矫正缺点，养成积极乐观的心态。

——工作室成员：赵丽赟

青年教师的课堂关注点是什么？

李凤

作为教师，我一直在思考一个问题：上课时我究竟在关注什么？

刚入职时，当务之急莫过于站稳讲台。可是一段时间后，当回忆起我的课堂时，我的感觉是如此惊恐，尽管每个学生都已熟知，但就是回忆不起他们的听课状态。比如，A同学上课精神状态好吗？B同学有没有跟着我的思维走？C同学是不是又瞌睡了？我只能回想起自己的上课状态：我讲了哪些知识？语言是否顺畅？逻辑是否清晰？有没有口误？细思极恐！我真的站稳讲台了吗？

教师的主阵地是课堂。这是每一位教师都明白的。在"双减"教育政策背景下，提高课堂效率显得极为迫切。作为一名青年教师，我在课堂上更容易关注自己的状态以及所讲的学科知识，而非学生。长此以往，何谈高效课堂呢？学生才是课堂的主体，教师是引导者和促进者，不知晓学生的状态和问题，又何谈引导和促进呢？苏霍姆林斯基在《给教师的建议》一书中说道：在课堂上，教师不仅要想到所教的学科，而且要注意到学生，注意到学生的感知、思维、注意力和脑力劳动的积极性。

事实上，高中课堂上大部分学生已经能够在生理层面管住自己不说话打闹、不调皮捣蛋，但很难在意识层面管住自己思想不开小差、眼皮不打架。换句话说，高中的课堂纪律并不像小学和初中那么花费教师的注意力。因此，我们青年教师要多将注意力放在学生的听课状态和思维发展上，这才是教学真正需要关注的地方。相信很多青年教师尤其是新入职的教师都会和我一样，道理都懂，但就是做不到。一个人的注意力是有限的，我们要更多地关注学生，就要实现注意力的转移，把对教师本身和学科知识的关注转移到学生身上，这并不是一件容易的事情。怎样才能实现这样的转移呢？

我认为新手教师最重要的就是充分备课，提前将课堂上要讲的教学内容烂熟于心。当对一个知识已经熟练到不需要再想就能脱口而出时，我们的注意力自然就不会再集中于此了。入职第一年，一位优秀的老教师跟我说过："上课前你一定要明确这节课要达成什么目标，如何达成，有哪些重难点。"此后，备课时我常问自己这三个问题，并且在课前快速预演课堂流程，对于熟练度不够的知识，为避免出现思维停顿问题，预演两遍左右才能安心。这样操作几次之后，我在课堂上从容多了，注意力也渐渐向学生转移了。关于熟练程度，我感悟最深的是2018年11月份的一次课赛，在教研组全体教师和实验室教师不遗余力的帮助下，我的课终于成形了。但还有一个最大的问题：时间。比赛之前，没有任何一节课的时间分配是令人满意的。庆幸的是，比赛当天时间把握得恰到好处，我觉得这并不是偶然的。比赛前夕，问题还是没有得到很好的解决，沮丧过后，我静下心来，脑海中反复回想起L老师跟我说过的话：把自己要说的每一句话都想清楚，提前准备好而不是随意表达，课堂讲解、学生分组实验……所有的环节都要有精准的规划。我拿出草稿纸、计时器，对着课件，重新完整地进行40分钟的课堂演练，精确记下每个环节的时间，包括等待想象中的学生回答问题、小组讨论、分组实验、板书，把40分钟分配好。完成一遍后，我按照刚才的时间分配，又进行了40分钟的练习，基本上做到心中有数了。果然，我在第二天的比赛中发挥正常，也取得了不错的成绩。可见，我们在备课上多花一点时间思考，就能在课堂上多给学生一些关注。

一些优秀教师教育技巧的提高，源于他们持之以恒的阅读，以及知识的不断更新，时间每过去一年，学校教科书这一滴水在他们的知识海洋里就变得小一点。当教师的理论知识在数量上的增长转化为质量上的提高时，衬托学校教科书的背景就会更加宽广，教师在课堂教学时就能更加自如地分配自己的注意力。所以，让我们多读书吧，跟书籍结下终身的友谊！时间长了，我们才能做到：在课堂上讲某个知识点时，我们的思路主要不是放在这个知识点上，而是放在观察每一个学生怎样学习，他们在感知、思维、识记方面遇到哪些障碍上。做到这一点，我们就不仅是在教书，更是在对学生进行智力上的训练。

教师要充分关注学生的课堂状态，以学生为主，做学生学习的引路人；还要多聆听，常反思。不忘初心，方得始终！

【同伴点评】

课堂的关注点究竟是什么？其实这不是只有青年教师才需要思考的问题。作为教师，这是每当我们走进教室时就该问自己的问题。教学的主阵地在课堂，而课堂的主体是学生，所以学生如何学、学得怎么样才应该是教师的关注点。反观自己的教学经历，年轻时的自己和李老师多么相似，我们更多关注的是自己如何教，关注教学计划的实施情况，关注一节课后自己的感受，对于学生更多的则是流于表面的观察：在听吗？在写吗？记得有位特级教师提出过一个问题：在走进教室之前教师应该想什么？年轻时的我会不假思索地回答：我该如何引课？我的教学步骤是什么？这也许是很多初上讲台的教师都经历过的阶段，即关注如何教和教什么。

李老师结合自己不长的教学经历提出备好课是把关注点从"教师的教"转向"学生的学"的基础。我深以为然！那些捧着教案、盯着PPT的教师，课堂已经把学生"弄丢"了，课堂变成教师的独角戏。于漪老师说，她上课是从来不带教案的，拿着教案怎么面对全体学生？教师要察言观色，眼观六路，耳听八方，观察每个学生的学习情况，因此课要备得十分熟练。而不断读书、不断学习、不断实践可以帮助教师更加自如地分配自己的注意力，从而把课堂关注点从怎么教、教什么转变为学生怎样感知、如何思考，即如何学会。找准并落实课堂关注点是促进教师专业发展、改善学生课堂学习状态的重要的和行之有效的手段。

对了，关于走进教室之前教师应该想什么的问题，那位特级教师的答案是：此时学生在想什么。你同意这一观点吗？

——工作室主持人：王惠英

授人以渔，还要授人以"欲"

李红燕

多年前，还在上大学的我做过一段时间的家教，学生是一个初三的女生。她的父母早就离婚了，她妈妈在她初二时交了男朋友，于是她迎来了传说中的青春叛逆期。她就读于一个很好的初中，但是按她当时的成绩考上高中很困难。她刚上初三就来找我补化学，因为才接触化学学科，所以不存在基础的影响，她学得也还可以。

她其实非常聪明，但是我感觉她就是不想学，尤其是我开始讲难点的时候，她的学习状态就不好了。本来一周就补课两个小时，我却要花一大半的时间来开导她、鼓励她，真正学习的时间没有多少。还好她在北京一所有名的初中学习，学校教师讲得很好，所以她的化学成绩在班里一直排在前面。

她的妈妈很感激我，我却感觉受之有愧。有一次，我实在没忍住就跟她妈妈"全盘托出"："我其实大部分的时间都在开导和鼓励她，并没有教授她太多的知识和技巧。"她妈妈并没有感到意外，只是拜托我一定要继续鼓励孩子，因为孩子上完我的课以后学习就比较积极主动，其他学科的成绩也跟着上来了一些。听完以后，我很高兴，后面的课我也照常鼓励她、开导她，同时教她一些学习和做题的技巧。这样的学习状态持续了将近一学期，临近期末时，我的学校通知我去参加一个全封闭式的培训，时间是一个月。我跟孩子的妈妈说明了情况，也和孩子做了一些交代，就去参加培训了。令我没想到的是，我还没培训完，孩子的妈妈就给我打电话说孩子厌学，不想待在学校了，问我什么时候回来，赶紧给孩子上课，鼓励她、开导她。

我当时的心情非常复杂，还有一瞬间的恐慌。因为她就像"瘾君子"一样，每隔一段时间就需要从外界"听好话"来维持学习状态，需要我这位老师给她"充电"。可她才初三呀，她还要上高中，上大学，难道我一直要鼓励和开导下去，她自己不能给自己充电吗？现在这个孩子已然把我当成了她的"救命稻草"，我不坚持下去又感觉于心不忍。就这样，我又继续给孩子上课，但是每次上课我都很煎熬和矛盾，最终还是坚持到了初三结束，坚持到了将这个女生送进中考的考场。

最终的成绩下来了，她的中考总分刚刚够上一所寄宿制民办高中。她上了高中，我终于松了一口气。后来我一直都在想一个问题：这个学生到了高中，要是没有人听她倾诉，鼓励和开导她，她会不会像以前一样就没有动力学习了？或许到高中她懂事了会好一些吧，我一直这样安慰自己，并且以为这个女生只是一个特例。

现实是从教十来年，我发现这样的学生并不少。老师鼓励了，就学几天，过几天又恢复原状。作为老师，我们不但要教会学生书本上的知识，还要教会学生掌握应用这些知识的技巧和方法，似乎我们既完成了授人以鱼，也完成了授人以渔。可是这好像还不够，还差什么呢？还差一个学习的内在动力，注意不是动力，是内在动力。它是来自学生自己心中所产生的欲望。纵观我们周围的一些孩子，我们经常说他们学习情绪化，其实他们就是没有内在的学习动力。他们需要靠老师、靠家长来获得这种学习的动力和欲望。可是这些动力和欲望都是暂时的，如果学生自己不产生，那么随着时间的推移，它们会慢慢消失，学生也就恢复到原来的样子。所以，我们作为老师不仅要思考如何授人以渔，还要思考如何授人以"欲"，要教会学生发掘自己学习的内在动力，让学生意识到必须源源不断地给自己加油打气，自己找到学习动力，这样的学习动力才是经久不衰的。

再观察我们周围的优秀学生，他们当中大部分是有内在动力的，能够树立自己的短期目标和长期目标，遇到挫折会自我调整，永远保持一种良好的心态。而有的学生学习是间歇性的，老师表扬了，就学习一阵，等过了这一段时间，动力用完了，就像泄气的皮球，没有驱动力了。所以，我们作为老师应该认真思考，怎样才能做到授人以渔也授人以"欲"，从而让学生学会自己"制造"动力,"制造"欲望,自己给自己充电。

【同伴点评】

如何让学生获取长久的内在学习动力?这其实也是一直困扰我的问题。李老师描述的学生情况我在教学过程中遇到太多,也太普遍了。

学生的学习动力有内在动力和外在动力。知乎上说,内在动力是来自自己心中所产生的欲望,来自工作或者行为本身的兴趣。回想每届新生刚入学时,班上的学生谁不是信心满满地踏进校门?因为那时的学生是有目标、有期待的,他们对上学这件事是有内在动力的。再回想每次考完试后那些取得优异成绩或者被表扬的学生,谁不是一脸阳光,浑身上下充满了斗志?因为那时的学生得到了教师的肯定、同学的钦佩,他们获得了外在动力。还有那些在艺术节或者体育节上夺冠的学生,即便他们的文化成绩不出色,但是在获奖后的那段时间,我相信他们学习文化课的动力会比之前足很多,这也是外在动力起作用的结果。

文中李老师的家教工作除了有学科知识的辅导,还有适时给予孩子学习上的外在动力。可是对于一个孩子的发展,内在动力更加重要,作为教师,我们怎样让学生自己"制造"动力?首先,外在动力在一定条件下是可以转化为内在动力的,如像李老师一样做学生的倾听者和闪光点的发现者,为学生提供学法指导,让其在学习中体验成就感。再如,教师改进和创新教学模式,提高教学效率,让学生体会学习的快乐,可以是同班教师轮流对某部分学生进行外部动力的输入,也可以是不同的教师从不同的切入点为学生提供产生内部动力的催化剂,这些都是教师授之以"欲"的有效方法。当然,孩子内在动力的激发与家庭教育有着重要的关系,与父母对孩子的期望、承认孩子之间的差距并挖掘其潜力以及人生观、价值观的培养都有着千丝万缕的联系,只是如果我们把力所能及的外在动力的输入做到位了,那么孩子自己制造内在动力的欲望就一定能得到激发。

——工作室主持人:王惠英

慢一点也没关系，只要我们步履不停

张梦婷

只要终点是你渴望的方向，走得慢一点真的没关系，有时候慢即快。

一、迷茫之时

在学校，大家都叫我小张老师，在"张老师"前加一个定语"小"，表明了我作为一个新老师的稚嫩。严格来说，今年是我工作的第三年，我已经不是新老师了。在800多个日日夜夜里，我积累了不少东西，但此刻一篇教育随笔却让我倍感为难，我没有现成的东西可以拿来救急，提起笔又脑袋空空，不知从何说起。

晚自习，站在讲台上，我为不知如何下笔而愁眉不展，抬起头，看着下面一张张稚嫩的面孔，除个别调皮蛋总是忍不住和同学叽叽喳喳几句外，大多都在认认真真地写作业。不知不觉，我的思绪飘向了远方，记忆中可以写的东西其实很多，只是思绪纷杂，断断续续的片段，不成体系。我便又陷入迷茫。

二、找到方向

不太擅长讲大道理的我，在教育学生时，最常对学生说的一句话是："作为高中生，你需要用尽全力做好一件事，那就是学习。当不知道未来想做什么，当下能做什么准备的时候，你就好好学习，一切自有答案。"其实，这就是我在自己的学生时代得出的经验。

我出生在农村，爸妈没给我传递过什么真理，只是告诉我，他们能做的就是我上到哪儿，他们就供到哪儿，剩下的他们也无能为力。年少的我，不懂成年人世界的残酷，但知道父母的辛苦；没有明确的人生规划，但知道不上学我什么也干不了。所以，从上学的第一天起，我就知道要好好学习。一直以来，我也都是这样做的。

想到这里，我其实心里早已有了答案，就是平时积累得不够，才会有种"书到用时方恨少"的感觉。"不积跬步，无以至千里，不积小流，无以成江海"说的便是这个道理。我也不是没有积累的意识，常常会有写点什么的想法，想记录下在学校的点点滴滴，想记录下课堂上的精彩瞬间、备课时的困惑、批改作业时的气愤、公开课后的反思以及面对成绩时的忧虑，更想记录下学生带来的温暖与感动，却总是"提笔忘字"，不知道从何说起，觉得自己写东西就像在记流水账一般，毫无意思。于是迟迟未动笔，以至于工作快三年了我也没留下像样的只言片语。

三、重新起航

晚上睡觉前我看到《人民日报》上的一段文字：再远的路，一步步走，总能到达；再难的事，一件件做，也总有收获。只要终点是你所渴望的方向，走得慢一点真的没关系。真正能令我们感到幸福的节奏，只能来自一步一个脚印的行走。所以，慢一点走，真的没关系。

尽管今天的文字不尽如人意，但终究是写出来了。但我不是很喜欢这种被"赶着"做一件事的感觉，更喜欢按着自己的节奏，一点点慢慢来，收放自如，游刃有余。我更想在自己的随笔中写下工作中平凡而温暖的每一件小事。因为正是这一桩桩、一件件的小事，为我们普通的工作、枯燥的生活增添了不少色彩。

文字的力量可以温暖如春风，涤荡人心；可以振奋如惊雷，震撼人心。从现在开始，多读点书吧，多写点东西吧。慢一点也没关系，只要我们步履不停。

【同伴点评】

小张老师对写文章的感受一定能引起很多同人的共鸣：书到用时方恨少，提笔忘字。明明那么忙碌、那么充实的教学生活，怎么最后竟然没留下只言片语？这主要有三个原因：

一是没养成积累的习惯，所以即便面对丰富的素材也没能缀句成文。对于好的文章、好的语段我们要及时剪辑、粘贴、收藏。写作是一种输出的行为，而平时的积累就是一种输入，有输入才有输出，输入的数量和质量决定了输出的效果。

二是没有写作动力。写作但凡被逼着或被当作任务来完成，体验肯定不好，也很难写出好文章。文章获奖、交流或者发表，都是一种外在的动力。

三是没有写作技巧。魏书生老师说："结合实际去写，就逼着自己去看更多的书，在实践与写作的过程中又加深了自己对理论的理解，养成了用理论去指导实践的习惯，是一举多得的好事。"我们要多看别人是怎么写的，联系自己的教育实践，在借鉴的基础上求创新。

朱永新老师曾在十多年前开过"永新成功保险公司"。新教师每天写1000字教育反思，坚持10年，10年之后，若成不了名师，入保一万赔付一百万。这便反映了写作需要坚持的道理。教育写作是教师职业特征的内在要求，是教师职业素养的重要组成部分。三年没有写成像样的文章还来得及，就如小张老师从迷茫到找到方向再到启航，只要步履不停，那下一个三年也许你就可以给自己一份满意的答卷。

——工作室主持人：王惠英

如果我是校长

王惠英

假如给你一个命题——"如果我是校长",作为一线教师的你会给出怎样的答案?

一、如果我是校长,我会立足实际明确办学方向

因为只有立足实际遵循教育规律,才不会让我的教职员工用他们辛勤的汗水和整日的忙碌为我的治校无为埋单,如果方向错了,不仅误人误己,还会让大家对教育失望。我要践行为学生最优化发展奠基的理念,还要逐渐淡化根深蒂固的分数至上观念,"分层教学,选课走班"。课改的号角已经吹响,我要从过去的看学生成绩转向看学生成长。如今,我不是校长,可我是教师,所以我会以身作则,团结同班教师不断探索,因材施教,为的是不让学生用无效的重复来弥补教师的教学无方,不让学生用他们的成长原谅教师的怠慢。

二、如果我是校长,我首先要完善用人制度

我要争取让每位教职员工立足适合自己的岗位,还要帮助他们扬长避短。尺有所短,寸有所长,每位教职员工都是从懵懂无知起步的,也有过年富力强,还会两鬓霜染,做好"传帮带"才能使优秀的教育资源代代相传。我要努力为教师的成长搭建平台,不耽误年轻教师的成长,不辜负老教师的期望。我虽然不能承诺给教职员工最好的待遇,但要让教职员工在单位找到存在感。办学要做到让社会满意、家长称赞,但满意的教育一定要建立在教师的幸福之

上。如今，我不是校长，可我是教师，所以我会把这一理念体现在我的育人措施上，在衡量孩子时，多一把尺子，因为每个孩子都是父母的唯一，我能做的就是创造机会让他们在自己的位置发热发光，在班上有满满的存在感，让每个孩子都能感受到学校是自己最爱去的地方。

三、如果我是校长，我需要有个强大的智囊团

智囊团的成员是全校职工而不是三五成群高高在上的干部，我希望听到来自不同岗位职工的建言献策，当然也能包容他们偶尔的牢骚和不满。对待职工的反馈，耐心倾听是最起码的尊重，换位思考才能相互体谅。我知道要想了解更有价值的信息，单靠形成民主的风气还不够，还得为反馈者的安全提供保障，不能让其为自己的言行提心吊胆。如今，我不是校长，可我是教师，我有一个班，我会培养得力的助手，为自己省力的同时助力学生成长。但我不会忘记班级需要民主的氛围和百花齐放，我会让学生有话敢讲、有话愿讲，让学生因信任而省去那句"老师，别说是我告诉你的，我怕惹麻烦"。

四、如果我是校长，我会把每学期的家长培训提上议事日程

为了防止孩子在学校接受的教育回到家里得到相反的答案，家校必须无缝对接、沟通顺畅，我不是怀疑孩子在家校之间的传达方面出现故障，也不担心短信功能的通畅，我只是坚信教育离不开家校的合作，学校应该成为家长提升自己的主战场。如今，我不是校长，可我是教师，我接触一个班几十位家长，我可以抓住和家长接触的各种机会进行言传身教，我知道教师的能量有限、工作繁忙，但是我相信，如果每位教师都有这样的担当，家长素质的提升就不会是一句空谈，何况家校互通中教师自己也在成长。

五、如果我是校长，我会真正关注教职员工的身心健康

身体健康才能承担教学重担，心理健康才能培养学生心向阳光。我不会以牺牲教师的健康去应付各种评价和考量，我不会提倡蜡炬成灰泪始干，我希望我的教职员工像节能灯，适时充电来把孩子的前程照亮，在生活和工作中张弛有度。如今，我不是校长，可我是教师，所以我明白不能用高分替代孩子的身

心健康，我既要听到孩子们书声琅琅，也要听到他们歌声嘹亮，我喜欢看孩子们蹙眉沉思的样子，更喜欢看他们在球场上的汗珠被太阳照得闪闪发光。当然，我也会给孩子们提供心灵鸡汤，但我更愿意捕捉时机和孩子们促膝长谈。

六、如果我是校长，我会先管理好情绪，再表明自己的立场

校长在面对压力和挑战时，可以着急但不能任自己的情绪泛滥。我会对教师存在的不足或失误表现出担忧，但我不能让他们感觉到我的失望；我不会当面指责或训斥有过失的教师，让彼此对立，但我会私下与其倾心交谈，因为我知道其自尊心极强，我的目的不是让其脸面无光而是帮助其改错、成长。教师也和学生一样，出现失误时需要被宽容，有了进步时希望被表扬。如今，我不是校长，可我是教师，所以我会在火冒三丈时一再告诫自己，不要在愤怒时处理问题，学一学急事缓办。在学生犯错时我要更多地采取单独交谈的方式，而不是放任自己的情绪当面揭短、新账旧账一起算。我也不会姑息错误，但我会注意自己的表情和语气，我不会让学生觉得我说得都对，但我的方式不会让人难以接受，我的态度不会让人难堪。

七、如果我是校长，我办公室的灯光会亮得最早熄得最晚

我办公室的门开得最早、关得最晚，灯光也会最早把校园照亮。我不用标榜自己做了多少工作、有多繁忙，因为教职员工的眼睛是雪亮的，家长和社会的评价会口口相传。我不用说为了工作愧对妻儿，公私分明的理念才值得称赞，高效工作应该是不变的理想。如今，我不是校长，可我是教师，我不会告诉学生我为他们付出了多少，我也不会纠结付出后是否有收获，因为播种和收获本来就不在同一季节，何况内心的丰盈胜过任何感谢和赞赏。作为教师，你潜移默化的力量从来都不需要怀疑，你对待工作和生活的态度一定会对学生产生影响，相信多年以后你最喜欢的歌是那首学生为你唱的《和你一样》。

今天的教师也许就是明天的校长，而校长的底色永远都应该是教师。无论身份变还是不变，我们都应该在各自的岗位上默默地发热发光，用不同的方式证明我们在坚持当初的教育理想！

【同伴点评】

清华附小窦桂梅校长说:"校长的群体领导力,就是努力带领你的教师,进而带领学生,甚至家长,找到前行的航标和远方的灯塔……"文中王老师不就把这种校长的"群体领导力"详细地表达出来了吗?作为普通教师,我们对自己的校长有许多期望,有的出发点可能站位不是很高,既缺少高深理论的支撑,又带着一定的局限,但却是我们最接地气也最有针对性的心声。

俗话说,火车跑得快,全靠车头带。如今高铁时速可达到300多千米,这仅仅是靠火车头带动的吗?不是。列车的每个节点上都有动能,即动车组,不仅团结合作力量大,变速也灵活了,这样才能提高速度。这个原理在学校管理中也是适用的。如果每位教师都有"校长"的担当,都发挥作为校长的动能,那么学校的发展就会进入快车道。

文中的王老师虽然不是校长,但她有一个班,她可以把学校管理由此及彼地推广到如何带班育人上来,她可以带领学生和家长一起实现教育理想。

——工作室成员:李红燕

母女间的距离

王惠英

教师当久了，身上会带着一些教师专属的特质，如观察力。毕竟敏锐的观察力是教师宝贵的品质之一。在别人看来司空见惯的日常事件，教师看见后就可能会去挖掘其背后的教育意义。

一、不愿看到的冷漠

早上去上班，我经常在在小区门口碰到一对一前一后的母女，走在前面的女儿穿着我校的校服，快步走着，母亲不紧不慢地跟在后面，哪怕等红绿灯的时候，母女俩也保持一定距离各自站着。到了学校门口，女儿头也不回地走进学校，母亲目送女儿走远了才转头回家。第一天看到这个场景时，我以为母女俩那天闹矛盾了，可是后面看见的情形基本都是这样，我就想：这孩子为什么一点儿都不领情呢？她家离学校不过200米，可母亲却每天送她上学，她至少要说声"再见"吧。这一现象在六月以后就没再出现，我想她应该是名高三学生，现在她毕业了。

二、看得见的温暖

转眼新学期开学，那天早上，在小区门口我又看到了那对熟悉的母女，一前一后，一路上仍然没有交流。我加快步伐跟上去一看，这不是上周刚来我班复读的LHY吗？她是一个文静的姑娘，第一次月考还考了班级第一名呢！我想找机会跟她交流一下有关她和她母亲的关系。对，就利用"见字如面"吧！在第一次的交流中，她在本子上介绍了自己以及对新班级的印象，她对自己的评价是内向、不善言辞。在给她的回复中我先表示了对新同学的欢迎，接着开始描述我看到的每天早上她们母女上学的情形。我告诉她："每天你母亲接送你是一件看着就很幸福的事。爱自己的子女是父母的天性，可家这么近却每天早送晚接、风雨无阻的父母不多，一路上没有交流、形同陌路的就更少。你跟父母在一起的时间会越来越少，明年你上大学去了，家里最不习惯的是母亲，她需要很长一段时间去适应你不在家的日子。俗话说，女儿是妈妈的小棉袄。我希望你可以一直温暖着你的母亲！"我不记得是我们交流后多久，有一天早上我看到她们母女是并肩走在一起去上学的。又不知过了多久，有一天早上我发现她是挽着母亲的手臂上学的。临近毕业，一次在我和LHY一起回家的路上，我对她说："你妈妈每天送你上学的情形将成为你留给我记忆中最温暖的画面！"她不好意思地笑了，这应该就是我期待的结果了。

高考出分数那天，她妈妈及时发短信告诉我成绩，同时表达了深深的谢意："万分感谢王老师一年来的教育和关心，千言万语都难以表达我们对你的感激！"我知道她母亲的感激更多的是来自我对孩子性格的影响以及她们母女关系改变中我所发挥的那一点点作用。

三、成为期待的自己

见多了很多孩子对父母的怠慢和成年后的悔恨，这时也许老师可以成为孩子最合适的人生导师；见多了父母在孩子最佳教育阶段的溺爱和面对日益长大的孩子的束手无策，这时老师可以成为无助父母的一线希望。同样作为家长的我们也曾遇到过教育孩子时的无能为力，那时我们又何尝不希望能有一位孩子信赖的老师出现？其实，教师的育人职责也就体现在这些细节中。是的，你和孩子希望遇见什么样的老师，那你就努力成为什么样的老师吧！

【同伴点评】

读完这个故事，我想到了一篇文章里的最后一段话：我慢慢地、慢慢地了解到，所谓父女母子一场，只不过意味着，你和他的缘分就是今生今世不断地在目送他的背影渐行渐远。你站在小路的这一端，看着他逐渐消失在小路转弯的地方，而且，他用背影默默告诉你：不必追。

是的，不管是父母与子女，还是老师与学生，都只是彼此人生路上相互陪伴一段时光的人而已，谁也不是天生就会做父母、当老师，都是在相互磨合中渐渐成长，慢慢融合。在当老师、做母亲的这些年里，我曾深深地被孩子感动过，也曾被孩子的一些话语和行为弄得哭笑不得甚至暴跳如雷，但更多的是学会了换一个角度看问题，对人对事也有了一些新的见解。谁说老师一定是教育人的，有时候孩子也会给我们上一课。作为一名老师，每天面对孩子们，我能减少一些成年人的浮躁，更多地感受来自孩子的单纯。看着他们因为你的一句鼓励的话或者一个简单的动作而拼命努力，在取得一点点进步时对你报以感激的微笑，在久别重逢后给你一个大大的拥抱……这何尝不是一种幸福呢？

希望我们在与学生或长或短的相处过程中，能用语言和行动彼此交流，相互学习。老师用自己的人生阅历或社会经验给孩子一些帮助，让他们在迷茫的时候看到方向，在走错路的时候及时回头；孩子用自己纯真美好的心灵感染我们，让我们更多地感受世界的美好和温暖。

和孩子一起携手成长吧，成为彼此眼中最好的自己！

——工作室成员：陈薇

教师对家长：
偶尔治愈、时常帮助、始终宽容

王惠英

随着教龄的增长，接触学生的增多，我在校外碰到家长的机会也越来越多。多数情况下是家长先认出我并主动打招呼，但也不乏家长碰到迎面而来的我却视我为陌路人，甚至有意绕道而行的情况。最初碰到这样的情形我心里很不舒服，觉得家长很没礼貌，后来自己当了家长，认真思考过这样的现象，对教师和家长的关系有了客观的认识，对家长的表现多了一些理解，对自己的要求也更理性。

一、相信偶尔治愈

朋友的孩子上高一了，面对新的起点，看得出他比孩子更激动，隔三岔五就会反映孩子的一些问题，并恳请我帮忙出主意。三年的高中生活，让家长和老师头疼的如迟到、不按时完成作业、上课打瞌睡、成绩下滑、在家熬夜玩游戏、和父母对着干等事，他的孩子都经历过了。我们之间的交流基本都是从他吐槽孩子的种种言行开始，我认真倾听然后给他提供解决问题的方案。三年下来，我记不清给过他多少建议，但可以肯定的是，行之有效的措施屈指可数，毕竟一个孩子的转变是多种因素共同影响的结果，一次谈话就改变一个习惯、一个建议就改变一个孩子是不可能的，教育没有那么简单，教师的作用也没那么大。但是在家长或絮絮叨叨或焦虑上火的倾诉中，教师的倾听或者一两句建议，于家长而言却无比治愈。

二、记得时常帮助

对于大多数家长来说，面对不同学段中孩子出现的问题，他们最信赖的就是孩子的老师。同时，帮助家长认识家庭教育的重要性和共同完成修偏纠错的任务，教师是最好的人选。在为家长提供帮助的过程中，我碰到过没有界线感的家长，家里大事小情都会向老师求助；碰到过神经质的家长，孩子的一点儿风吹草动都让他们如临大敌。此外，还有由周末或假期孩子不起床以及手机问题引发的家庭纠纷。在家长看来，这一切教师都可以帮助解决。是的，在有的家长眼里，教师是无所不能的存在。但是，当孩子从我们的手上毕业以后，这些现象多数也就消失了。也就是说，当孩子毕业以后，大多数家长和教师的合作关系也就到期了。所以，请珍惜我们和家长合作的有效期，记得时常给家长提供帮助。提供的帮助可以是直接解决家长提出的疑惑，可以是及时反馈孩子在校的成长细节，可以是为家长传递物品、传递信息，也可以是经济上的帮助。在为家长提供帮助的过程中，其实我们也在丰富充实着自己，在获得教育智慧。

三、学会始终宽容

在和家长的接触过程中，我们会碰到很多看似不可理喻的现象。开家长会时，老师正介绍孩子的情况时会有家长的手机铃声不合时宜地响起；在家长群里，家长没有称呼，不礼貌地直接提问老师；没有时间观念的家长，不管早晚都会给老师打电话；亲子活动或者成人礼需要家长参与时，家长以工作忙没时间为由而缺席；有的家长眼里只有班主任，没有科任教师。诸如此类的家长，我们或多或少、或早或晚都会遇到。此时，无论你是什么心情，请一定记得学会包容，毕竟家长素质参差不齐，毕竟我们没有时间去了解每个看似"冒犯"教师的家长背后的真实原因。作为教师，我们没有教育家长的义务，但我们有为孩子树立榜样的责任，因为我们希望孩子们走出校门后，在面对看似不合情理的人和事时，多一些包容，少一些埋怨，这其实就是最朴素的为人师表。

在中学，我们和学生家长合作的期限一般为三年。在这段有效期内，也许我们做了很多，结果却不尽如人意，但请相信教育的涓涓细流终会聚成大河；

我们虽然培养的对象是学生，但别忘了时常向对我们寄予厚望的家长给予帮助，毕竟家校合力才能助推孩子更好地成长；面对家长一些不合情理的言行要学会始终宽容，有时我们看似在渡人，实则在渡己。

【同伴点评】

教师在家长面前究竟以什么身份出现？有人提出教师不能越位，做好自己的本职工作，公事公办就行。也有人提出教师是家校合作的重要纽带，教师多做一点点，家长配合一点点，孩子就会向前迈进一大步。那么，这个"度"究竟如何把握？

读了王老师的这篇文章，我似乎找到了答案。首先，我很赞同教师对家长的治愈是偶尔的。客观认识教师对家长的作用，有利于我们抱着平和的心态开展工作。在家长向教师倾诉、反馈和求助的过程中，忽视教师的作用会让我们很气馁，而过分夸大对家长的治愈也并不客观，毕竟阅历浅一点儿的教师，对家长的困惑并不能提供行之有效的方法和建议。其次，教师对家长时常帮助和始终宽容的态度体现的是教师的责任和气度。帮助的过程和宽容的方式也是一个充满智慧和感化的过程，在这个过程中教师要以诚待人、将心比心，动之以情、晓之以理，让家长从思想上认识到自己在教育孩子的过程中不可替代的作用，这样才能加深家长对教师工作的理解与认同，从而达到家校共育的目的。如果讲大道理、讲教育规律不能达到预期效果，那就从细节开始：接待家长热情有礼，起立迎送，将"您好、谢谢、请、再见"等礼貌用语时常挂在嘴边；提前准备，了解学生在校的表现、习惯、优点，与家长见面时对孩子给予客观评价，对家长给予充分理解；与家长进行有针对性的谈话，交流中多提方法、多鼓励；学会站在家长的角度思考问题，交流中敢于反思自己工作中的失误或不足，虚心听取家长的意见，让家长感受到足够的尊重，从而产生情感共鸣。这样的帮助和宽容体现的是教师的气度、教师的大爱和教师的责任心。

让我们为营造"教师尊重和支持家长，家长信赖和配合教师"的家校共育氛围贡献自己的一分力量。

——工作室成员：赵买琴

学习为什么不能像电子游戏一样吸引学生？

赵丽赟

这件事发生在我做教师的第二年。

那天的课上我让学生们做课堂练习。偶然间，我发现有个孩子低着头把手放在抽屉里，并且这个姿势维持了比较长的时间。感觉到这个孩子在搞小动作，我便从教室前门出去，再悄悄从教室后门走到了这个孩子的后方。果然，这个孩子悄悄在抽屉里用手机打游戏。后面的事情大家都能猜到，手机被我没收了。当时刚做老师，和学生们亦师亦友，在我没收了手机后大家开始起哄，甚至开始教我怎么"处罚"这个孩子——把符文融掉、把装备低价卖掉、去竞技场故意输几场等，最后我选择了最温和的方式——故意挂机。由于游戏系统设置，故意挂机会被系统记录并予以一定处罚。但就是这个我认为已经是最温和的处理方式所带来的结果，依旧让打游戏的孩子"痛心不已"。

回想身边，无论孩子还是大人，对游戏都有着不同程度的喜爱，痴迷的人不在少数。固定时间上线，固定时间内完成任务，打比赛，做活动，等等，有些学生不顾父母以及老师的反对，每周甚至每天都花费大量的时间在游戏上。就我自己而言，在读大学时我也玩网络游戏，平日上线做任务获得道具，然后抓"宠物"，把多只"宠物"融合成更厉害的"宠物"。一般情况下，如果没有极其重要的事情，我会雷打不动地在每周五晚上、周六下午和队友们参加比赛。联想我自己，我不得不思考为什么游戏能吸引网友们坚持不懈地上线，为什么这些游戏能够将学生紧紧抓牢，而教学不可以。

一、游戏里有不同程度的奖励机制

在游戏中,只要玩家有一点儿进步,游戏就会给予经验、金币、物品等奖励,而且奖励是可以量化的,部分还可预测。完成普通任务得到普通奖励,完成艰难的任务得到令人羡慕的奖励。每天都有难度很低的日常任务,就算最普通的新手玩家也能通过日常任务的完成而升级,日积月累也能达到不错的等级。消灭一只怪可以得到一定的经验值,升级还需要多少经验值可以算出,升级以后可以获得什么技能以及属性有多少加成都是可预测的。有了目标就有了动力。普通任务一般只有奖励,没有惩罚,而困难的任务虽然奖励让人向往,惩罚却往往是随机发生的。

二、游戏中有合作、有对抗

游戏中很多任务需要组队完成,一荣俱荣,一损俱损。为了取得最后的胜利,每个人均尽其所能、发挥所长,甚至为吸引对方火力而自愿牺牲以求全队的胜利。对抗让玩家感到刺激,又能释放生活中的压力,而且对抗往往能带来更加丰厚的奖励。在这种合作与对抗的过程中,游戏中的玩家们找到了共同的爱好,友谊更加深厚,而这种情感也会使大家更喜爱这款游戏。

三、多种"职业"发展

一些大型、完善的游戏中,除了有对抗,还有一些副业玩家。比如,炼丹师可以炼制丹药增强某些属性,厨师可以做出短期内快速增加某些能力的菜肴,炼金术可以锻造出增加武力值的武器,裁缝可以做出让游戏人物更美的服饰,等等。这些副业玩家在游戏中可遇不可求,他们制造的高属性物品也让其他玩家趋之若鹜,并通过物品的交换获得奖励。

四、精致的画面和配乐

日常生活中我们可以发现中学生非常喜欢看动漫,那些酷炫的人物满足了他们视觉上对于美的追求。游戏也一样,游戏中的场景美轮美奂,人物酷炫美丽,配乐根据所处场景和情节,时而舒缓时而紧张,时而隆重时而轻快,有些甚至成了经典曲目。

五、游戏中有运气成分

完成组队任务过程中偶尔会捡到稀有道具，合成道具或者"宠物"时，有概率成功，有概率失败，也有概率获得超强属性，在对抗中还有概率一击制胜。这些都是游戏吸引人的因素，那么它们对教育又有什么启发呢？

奖励机制告诉我们，教育中我们要善于利用鼓励来强化正面行为而消除负面行为。奖励可以多种多样，可以是虚拟的积分，也可以是实物；奖励要可量化、可积累、可升级，要让学生觉得通过努力可以获得。我们可以建立适当的惩罚机制，但是要以鼓励为主、惩罚为辅，而且有些奖励和惩罚应该出其不意。对于不同能力的孩子，我们应给予不同程度的鼓励，有些孩子的进步虽然缓慢，但是通过积累也能达到厚积薄发的效果。

合作对抗机制告诉我们，学习需要一个有效的团体。团体成员需要有共同的目标和追求，能互帮互助，每个人扮演不同的角色，如领导者、军师、学习者、气氛调节者等。我们可以通过任务设置和奖励让学习团体中的成员有一荣俱荣、一损俱损的集体荣誉感，从而团结在一起解决问题。

每个人都有自己的才能和特长。在国家大力提倡教育改革的今天，教育工作者应该秉承因材施教的思想，意识到不是只有考上好大学、取得好成绩才是成功。职业无贵贱，社会发展需要高科技创新型人才，需要救死扶伤的医生，也需要撑起物流重要环节的快递小哥，需要保持城市干净整洁的清洁工。我们要给予孩子更多选择的权利，让他们到更广阔的天地去看看，因为每个人的特长和能力可能适合不同的领域。

人们都愿意追求美，喜欢符合心境的音乐。那么教学氛围是否让学生感觉舒服？板书和PPT是否赏心悦目？

人们都喜欢奖励，偶尔获得一次就会让人瞬间充满希望和干劲。我们在教学中也要找到这样的点，激发学生的斗志和动力。

总之，游戏能吸引那么多人一定有它的可取之处，其中的逻辑复杂又缜密，如果我们能在教学中应用一二，相信能让我们的课堂更加具有吸引力。在教学中，教师要尊重每一个个体，让每一个学生都感受到教师的关爱，就像游戏NPC（非玩家角色）不会不搭理任何一位玩家一样。

【同伴点评】

赵老师文中描写的课堂场景和我的经历竟然那么相似。相同的前门出去后门进来，相同的没收手机。不同的是我对学生所玩的游戏不熟悉，没有作为玩家的体验。但我对电竞室内热火朝天、士气高涨的氛围或者三五个小伙伴举着手机围坐在一起手舞足蹈的场景并不陌生。

我读完文章之后的第一感觉竟然是对电子游戏的排斥减轻了，取而代之的是思考如何让我们的课堂也像游戏一样吸引学生。赵老师列举了电子游戏吸引玩家的五个原因，将其综合起来运用于教学中，首先就是学生的学习动力系统，即如何引起学生的学习兴趣，包括教学情境、教学环节的设计；其次是学生学习动力的激发、维持以及学习支持系统的建立，包括互助学习、项目驱动、体验式教学等有效教学方法的探索。就如崔允漷教授所说，教师的作用是引起学习、维持学习和促进学习。

通过对这篇文章的阅读和思考，我认识到，对于那些学习吃力却沉迷于游戏的学生，老师的那句"你现在的任务是学习，沉迷于电子游戏会毁了你的前途"是多么苍白，而没收手机、停课反思的常用措施又显得多么无能为力。我们真正要做的应该是了解电子游戏设计背后的学习观，借鉴它抓住学生心理的方法，注重学生的感受，让学生带着一种高涨的情绪参与学习。赵老师在文中总结出五个电子游戏吸引学生的原因，它们让我感觉那么似曾相识，又那么合情合理，而五个对教学的启示也让我心服口服，并且跃跃欲试。以思考的眼光，从司空见惯甚至"深恶痛绝"的行为中挖掘出对教育的启示，是我们作为教师必备的素质。

——工作室主持人：王惠英

无安全，不化学

王惠英

毋庸置疑，实验是化学课吸引学生的重要因素。我曾连续对几届高中毕业生做过"列举高中阶段印象最深的化学实验"的问卷调查，无论哪年毕业的学生都会提到浓硫酸使蔗糖脱水的"黑面包"实验。估计2017届7班毕业的学生也不例外，因为做完这个实验几分钟后，QQ被送去医院了。

一、细思极恐的实验经历

那是在高一下学期的化学课上，为了提供更多的机会让学生动手操作，也便于对实验现象进行观察，我把一套演示实验改为四组分组实验，试剂的用量由我严格控制。在对四个组长交代完注意事项后，各组便分头开始了实验，我也参与到学生的实验操作中。这个实验最慢的也只需要2~3分钟，面对明显的实验现象，大家都非常兴奋，结合各组的实验成果，我开始提出问题讨论。

这时我看到ZHJ举手了，我以为他要回答问题，结果他说QQ"心疼"。本以为他开玩笑呢，我一看他同桌，一副痛苦样，一问才知道ZHJ恶作剧，把烧杯凑到QQ鼻子前面，QQ吸了一口，随后心口便开始疼，而且疼得越来越厉害，忍不住了才告诉老师。问清情况后，来不及批评ZHJ，我让同学扶QQ到空气流通的走廊坐下，接着打电话给家长。家长很快就到了，我跟家长简单介绍了事情经过后，家长就带孩子去医院了。后来的课上我心神不宁，课间不断给家长打电话询问情况。

到了中午，家长告诉我，孩子做了心电图，胸片也拍了，都没问题，孩子心口疼的感觉也减轻了，医生说可能是刺激性气体对支气管平滑肌产生了痉挛作用，无大碍，建议休息观察。我悬在心里的石头落地了，回想起早上QQ那痛苦的表情以及医生建议的各种检查，再想想以前实验课上的各种侥幸心理，细思极恐！

二、虚惊后的思考

重新审视早上的实验课，我很纳闷，实验开始前还专门让学生打开门窗，而且做过那么多次实验都没出过意外。可是QQ的感受是真实的，而医院的检查结果也是科学的，这就是特殊体质的学生出现的特殊反应。作为教师，我有不可推卸的责任。我的责任在于没有凸显那节实验课的教学重点，教学重点不是明显的实验现象和清晰的反应原理，而是安全教育！是让学生知道有毒气体只能采取"扇闻"的方式，是实验时必须具备的严谨的科学态度。既然是重点，就不该只是告诉学生，就不该想当然地认为学生在初中就已知道而不必强调，一定要板书凸显，要使其成为每个学生实验前的"誓言"，因为没有安全的课堂是失败的，不尊重生命的课堂是没有价值的。

这节实验课让我更加深刻地明白了安全教育的意义，哪怕是教材上的方案，我也要反复琢磨，只要可能存在一丝安全隐患，QQ"心疼"的一幕就会提醒我：实验课上，我不仅要保证学生的安全，还肩负着向学生传递安全意识的责任，也要让学生养成安全操作的习惯。

无安全，不化学！

【同伴点评】

化学是建立在实验基础上的学科，实验是化学的根，没有了实验的支撑，化学课便丧失了灵魂，没有了说服力。就像王老师指出的那样，实验也是化学课吸引学生的重要因素，所以做好化学实验就显得特别重要。我们不仅要备好课，还要"备"好实验。

通常，我在实验教学过程中关注的点集中在实验能否圆满地呈现给学生，从而发挥其应有的价值上。但是影响实验成功的因素有药品剂量、药品质量、条件控制、时机捕捉等，因此，我在准备实验的过程中往往会因为"太想成功"而过多地关注实验本身，忽略了最为重要的实验安全。王老师的亲身经历告诉我，首先，我们应当尽力"准备"好实验，把实验安全放在第一位，不能抱有侥幸心理，否则当危险发生时，后果将不堪设想甚至无法挽救；其次，作为化学教育工作者，在日常教育教学工作中，我们除了传递学科知识、培养学科素养之外，还有责任培养学生的安全意识，让学生养成安全操作的习惯。是的，无安全，不化学！

——工作室成员：王玉婷

我的三节课

武晨曦

古语云：道生一，一生二，二生三，三生万物。一个教师一生要上很多节课，但从教数载，一直让我不断反思的仍然是那三节课。

第一节课：丢了学生

我先从"初生牛犊不怕虎"的一堂课讲起。刚工作几年的我，参加了校级赛课，授课内容为《水龙吟·登建康赏心亭》《念奴娇·赤壁怀古》比较阅读。我精心备课，找准知识点，多次演练讲解路径……上课前，我自认为备课充分，破题点新颖，内容充实，重难点清晰。可真相是40分钟的课堂上，我手忙脚乱，学生茫然无措，所有的教学设计都变成了我的"独角戏"。"精心"设计的一堂课怎么会变成最失败的一堂课？我不断反思！

我发现我的精心设计恰恰少了主角——学生。教学路径设计得再"另辟蹊径"也不是从学生的"脚下"出发，无来处自然无归处。这样的"虚假"课堂，是以知识点习得为中心，不是以学生的学习为中心。

在之后的教学中，我不断破除"眼中无学生"的课堂，从学生出发来设计教学，不断积累经验。课堂教学也慢慢多了学生的声音。

第二节课：失了味道

再次出发，我参加了一次昆明市级赛课，授课内容为鉴赏诗歌。这是一节"小心翼翼"的课，课堂设计预设了多种学生学习时的"困境"，整堂课以学生的讨论串联起课堂内容，基本呈现了学生学习的真实状态。这节课最终获得市二等奖。它与一等奖的差距在哪儿？我不断反思！

这次我的精心设计欠缺了些许诗意美感——语文味。课堂上有了学生与知识点的"对话"，有了师生的"对话"，却少了学生与最美语言、最真挚情思的"时空对话"。学生知道了情景交融，却不能深刻理解"一尊还酹江月"的无尽怅然；学生知道了"树犹如此"典故的作用，却不能真正体会英雄的抑郁苦闷！

在之后的教学中，我一直努力让课堂变成真正的"语文课"，在知人论世里畅游，在语言文字里雕琢。课堂教学中既有学生讨论的声音，也有静默思考的脉搏声。

于漪老师说："教育是给孩子的心灵滴灌知性与德行的。知性是孩子生存与发展的本领，德行是其做人的底线。二者在课堂上是一而二、二而一的，不是外加的、分离的。"语文的魅力就是在字词间滋养生命，在无尽的蒹葭苍苍里感悟生命，在红楼一梦里感悟人生百态。语文课不能只有生硬的知识技巧，还要让学生感受文字的力量，感受到穿越千年而不变的人类文明之光。

第三节课：找回生命的本质

后来，我参加了一次云南省省级赛课，授课内容为《我与地坛》。这是一节"轻松舒展"的课，课堂设计多了一条主线——"从一个世界走入另一个世界"。通过对文本中关键字的理解，学生走进了史铁生的"地坛"，探寻到遭受命运打击的年轻人的真实世界，在"小昆虫""蝉蜕""万道金光"里体会到生命力的顽强；嗅着"熨帖而微苦的味道"，明白了生命的本质。这节课中没有过多的多媒体使用，只有学生对文字的揣摩、标点符号的辨析、字音的纠错。透过文字，我相信也有学生寻找到自己的"地坛"，体会到了生命的价值和责任。这节课获得了省二等奖。

"一辈子做教师，一辈子学做教师"，对教育之道的探寻不能停息，以后的课，我还会不断反思。

【同伴点评】

也许你期待看到的不是从一节失败的课到市二等奖再到省二等奖,而是从一节失败的课到全国一等奖甚至是出名的传奇故事。可是教育的不易就在于有时它的真实近乎残酷,是那种付出了很多辛苦最终也只是感动了自己的无奈。而教育的美好又体现在如果你对每一节课都进行反思,总有一天你会在某一节课中发现教育的美,找到生命的真谛。

武老师的第一节课,是我们经常上的,上着上着学生不见了。

武老师的第二节课,是我们曾经或者正在上的,上着上着学科特点不见了。

武老师的第三节课,是我们正在追求的。我们要让语文课散发出"语文味",让学生体会生命的价值和责任。

一位教师的成长总是隐藏在一节节课的"蜕变"中,让我们在反思中弥补缺憾,在思索中探寻教育的本真。师生对话,与作者对话,与人类文明对话……"对话"是课堂的主题,但我们往往依旧是"孤独的自我",这样的课堂是充满遗憾的。

于漪老师说:"我上了一辈子课,教了一辈子语文,但还是上了一辈子深感遗憾的课。"但是,我们如果在每节课后都进行反思,那么离理想的课堂就会越来越近。

——工作室主持人:王惠英

动手能力的培养不能只停留在纸上

文媛

生物学是一门实验学科，从发展历程来看，它就是在实验的基础上建立起来的，实验对于生物的重要性不言而喻。不管是初中课程标准还是高中课程标准，都一直在强调培养学生的动手能力，倡导探究性学习，可是在实际教学过程中，不少实验在课堂上却难以完成。怎样解决课标要求与教学实际之间的这一矛盾？在对一节课的反复琢磨后我找到了解决方法。

一、不断被推翻的教学模式

《种子的萌发》这节课让刚上初中的学生第一次尝试设计探究实验，将对学生今后几年的生物实验探究学习产生深远影响，其重要性不言而喻。但种子的萌发耗时较长，显然不可能在一节课上完成。在以前的教学中，我通常是上课带学生学习基础知识，讲解实验，讲清楚重难点，要求学生课后在家做实验，最多的是课后带领兴趣小组的同学一起做这个实验。这样的教学方法并没有体现新课标对学生动手能力培养的要求，因此，我决定尝试新的教学方式。

在重新设计这节课时，我尝试了几种方法。刚开始我在家中发豆芽，打算把各种条件下豆芽的萌发情况搬到课堂上，让学生观察并分析，但经过一段时间的培养，效果并不理想，而且这只体现了对实验结果的分析，整个操作过程学生还是无法亲自在课堂上实践。

后来，我仔细研读教材和教参，重新确立了这节课的核心内容——设计实验。既然是设计，那就不需要有真实的物品呈现了。基于这样的思路，我又设计了导学案,想让学生在导学案的指引下进行实验的设计。结果上课时我发现,刚上初中的学生以前从来没有设计过实验,尽管我多次强调本节课的重点是设计实验,但部分学生仍不明白"设计"的含义是什么、要在导学案上如何设计,反而花费了大量时间和精力去画瓶子、画太阳,活生生把一节生物课上成了美术课。虽然最后在我的帮助下,学生勉强完成了实验设计,但并未达到理想的教学效果。

二、用模拟实验摆脱教学困境

借助导学案的形式没有帮助学生达到设计实验的目的,也没有实现预期的教学目标,怎么办呢?在与其他老师的交流和探讨中,我想到对于学生来说,在课堂上模拟实验也是一种好方法。于是,我对实验的环节做了如下更改:把全班同学分成若干组,每组分发两个纸杯、两种植物种子、一瓶清水、两张纸巾。本次探究活动要设计四种环境条件,由于时间关系,我让每个小组选择一种环境条件来探究,大家共同用分发的材料模拟设计实验,最后每组选一名学生分享设计感悟并做出实验结果预期。果然,在课堂上,同学们的学习热情被充分地调动起来,他们积极思考、热烈讨论。一个同学在纸杯中装种子,其他同学不断提出修正意见,意见相左时就翻书查看,反复讨论后形成小组统一意见。在每个小组分享、小组代表陈述后,其他组的同学又提出了各种疑问和意见,在讨论和质疑中,同学们把本节课的内容深深印在了脑海中。整节课呈现出的良好的学习氛围让我倍感欣慰。

三、一节课引发的感悟和思考

课后,我深刻反思了课堂教学应如何体现课标精神。生物学是一门实验学科,但很多实验并不一定能在一节课上开展和完成。在这种情况下,我们能否多设计一些模拟实验来加深学生的理解呢?

中央电视台有一档假期节目《加油!向未来》,其中不少内容让我记忆犹新。在观看节目时,我一直在思考一个问题,节目里面有很多知识以前上中学时我都学过,如"非牛顿流体力学",但屏幕上呈现出来时我却答错了,这是因为时间太久忘记了或者是当时学习时就没弄明白。而当主持人、嘉宾和工作人员当场实验时，看到他们快速在淀粉糊上走动就不会下沉而速度慢就会陷进去这一情景，我知道自己不会再把这个知识点忘记了。这就是实验的力量！

《种子的萌发》一课上完后，我听到了学生的反馈："上生物课太好玩了！""我学会了怎么做实验，回家就把纸杯放在窗台上，让种子发芽。""现在，我记住了种子萌发的环境条件。"

在近几年的高考题中，实验一直是重点考查内容，非选择题中通常是设计一个实验情境，让考生来分析判断，考查考生的科学探究和科学思维能力。在实际教学中，很多实验被忽略，变成了死记硬背的知识点，学生没有做实验的体验，遇到相关题目时就会觉得很难，甚至对于非常简单的问题也无法作答。我印象最深刻的是在2017年高考试卷中，全国卷Ⅲ的37题第（5）小题是这样设问的："该实验操作过程中应注意的事项是_____（答出两点即可）。"此题满分2分，但平均分只有1.67分。这样的题目在老师看来是送分题，为什么对于有些学生来说，分送不出去呢？高考后，我和一些学生交流这个问题，他们都认为没有做过实验，平时上课把实验内容变成知识点死记硬背，而注意事项一般是不会花时间去背的，所以遇到此类题目就不会做了。这样的回答让我们老师汗颜！

在教学中，教师要注重学生实验能力的培养，尽量创造条件带学生做实验，不能做也尽量模拟，这样才能更好地体现课标精神，让实验活起来，让学生在课堂上动起来，达到培养学生核心素养的目的。

【同伴点评】

如果探究实验课的内容受到时间和场地的限制怎么办？是"讲实验"，还是考虑学生的认知和课标要求，寻求合适的教学方法？这是一个看似司空见惯的问题。文老师在经历"讲实验→在导学案上设计实验→基于真实情境模拟实验"一系列的探索之后发现，在导学案上按设计好的思路设计实验，既节约时间，又容易控制课堂节奏。这看似很合理地解决了这一问题，学生只需按部就班去做就可以了。可是在实际教学过程中，学生却没抓住重点，把实验探究课上成了美术课。而用真实情境来模拟实验的方法却让学生在课时受限的前提下完成了教学目标。这看似是对一节课设计方法的改变，实质上反映的是教师教学理念的更新，它基于课程标准要求让学生动起来、议起来，是对传统的"背实验"的教学方式的突破。

其实，这样的课堂又何尝不是在孩子的心中埋下一颗科学探究的种子呢？

——工作室主持人：王惠英

后 记

2020年，安宁市成立了高中化学名师工作室，同时安宁市昆钢一中成立了青蓝工作室。工作室成员年龄最大的不到40岁，最年轻的刚参加工作几个月。面对这样一个年轻的团队，我想到了朱永新老师对年轻教师提出的建议：不要忙着备课、讲课，也不要急着抱怨，此时此刻，最重要的是培养对学生的感情，激发对教育的感觉。受此启发，工作室把书写教育随笔或教育叙事作为特色活动之一进行推广。我带头把自己曾经叙写的、对现在仍有启发意义的教育随笔进行修改后展示给大家，再通过公众号推送。慢慢地，我便收到很多成员、学员"我笔写我行"的佳作，这些作品有的登在校刊《晴耕雨读》上，有的在微信公众号上推送，也有的发表在《班主任之友》《教学与管理》等刊物上。

"独学而无友，则孤陋而寡闻。"因为大家叙写的教育案例存在较强的普适性，受学科"同课异构"的启示，我们便尝试在每篇叙事之后设置了"同伴点评"。面对同一教育案例，同伴们会去查阅资料，再结合自己的教育经历发表见仁见智的观点并提出解决措施。点评的内容无论从字数还是观点的独特性方面都远远超出了叙写本身。通过这样的叙写、点评和实践，大家在不知不觉中加深了对教育理论、教育规律和教育价值的理解。

书中《我对"教师威信"的认识》叙写的是我刚参加工作时面对的困惑，也是每位年轻教师绕不开的话题，可它仍然在警醒着如今即将退休的我；《老师，您欠我感情》一文中的主角如今早已为人师、为人母，可文中关注"三普学生"的观点每天都在提醒着我；在接手新一届的班主任工作时，我仍然会回顾《给新班主任的建议》《班主任，你"慧忙"吗？》等文章；而当我在教学中表现出急躁冒进的情绪时，我便会主动重温《时光不语，静待花开》《两棵核桃树》；当老师和家长向我反馈学生对学习不能持之以恒时，我会去阅读《授人以渔，还要授人以"欲"》《学习为什么不能像电子游戏一样吸引学生？》；《百度导航给教师带来的启示》总会给我带来常读常新的感受。总之，这些朴素的文章在把鲜活的实践案例呈现出来的同时也把我们这个年轻团队对教育本质的认识、对教师职业的理解以及用现代教育理念解决教育实践中面临的具体问题的方法——呈现出来。

书写教育叙事和同伴点评从最初让工作室成员苦不堪言到现在成为他们自觉自愿的工作日常，从最初的无从下笔到目前公众号上推送和转载的一篇篇寓意深刻的文章，我们体会到书写教育叙事改变了我们的教育行走方式。

感谢记录，让我们能倾听自己内心深处的声音，让我们教育生涯中发生的一件件小事不再随时间被淡忘而成为无意义的过往，给我们看似平凡普通和单调重复的教学活动赋予了独特的韵味；感谢思考，让我们保持敏感，留心关注从教经历中的故事及其细节，能站在自己的角度反思和挖掘自我，让我们将对自己的教育活动进行不断探问和反思变成了生活的常态；感谢分享，让我们把观察、思考、研究变成一种习惯，让我们作为教师个体的生命轨迹变得生动有趣，富有生命气息。

尽管教育的路上还会遇到很多阻碍，但我有充分的理由相信我的同伴们："道阻且长，行则将至，行而不辍，未来可期。"

王惠英

2022年8月